U0457205

弘道録

［明］邵經邦 著
［清］康熙四十年刊

江蘇大學出版社
JIANGSU UNIVERSITY PRESS
鎮江

2

弘道錄卷之七

明刑部員外郎仁和邵經邦弘齋學

皇清詹事府少詹事四世孫遠平補案

父子之義

孟子舜盡事親之道而瞽叟厎豫瞽叟厎豫而天下化瞽叟厎豫而天下之爲父子者定

錄曰夫所謂之定者孝經云一人有慶兆民賴之葢以父子之間恩常掩義人但知有愛而不知有敬至是始知主敬之道而父子之分截然矣此秦俗慈子嗜利不同禽獸無幾者眞後世大亂之道也

史記堯時洪水滔天四岳舉鯀治水無功鯀乃殛死舜既即位舉禹使續父業

錄曰唐虞盛時非特禪授出於至公其功過亦不相掩也夫鯀罪人也罪人之裔同朝且不可矧代父乎禹孝子也痛父之切委質且不可況纘業乎蓋舜之殛鯀與鯀之被殛總出天理之至公施者不以爲怨受者不以爲讐也及其舉禹使續父業亦合人心之至順舉者不以爲嫌代者不以爲歉也設有一毫私意則君臣父子閒皆有所窒礙豈得爲義乎

按四瀆之中河源最長亦惟河患最甚禹於帝堯七十二載乙卯舜攝政時始受命治河至癸亥歲告成功河自碣

石入海今河間府東光慶雲諸縣是九河故道也後一千六百七十六年爲周定王五年河徙砱礫（今彰德府）此河入海之一變也漢武元光三年河決瓠子乃塞宣房（今濮州）後元帝永光元年河復北徙決館陶分爲屯氏河東北入海（今河間鹽山縣）此河入海之又一變也宋太宗太平興國八年眞宗天禧三年河兩次決入淮水然故道不廢迨神宗熙寧十年大決澶州河遂南徙東滙梁山張澤濼分爲二派一合北清河入海一合南清河入淮（今淮安府清河縣清口）由是北流斷絕直奪淮而合爲一瀆矣夫淮水出胎簪山（在今汝寧府）至桐栢始大孟子之時尚未入江也閱九百餘歲至隋而開山

陽瀆開邗溝則淮與江通歷宋而又與河通然於淮郡猶隔絶也明永樂初平江伯陳瑄始鑿清浦引淮以繞淮城俾東南漕艘直達京師淮水分而始弱黄躡淮流注射清口水停沙積河身漸高淮流不暢於是河淮益復難治然猶恃高堰長堤一萬八百餘丈乃東漢廣陵太守陳登創築障淮不使東下以全力灌注清口清口得不淤黄得藉清刷滌不致停沙實爲兩河關鍵考禹貢九澤既陂陂即隄堰也隄堰以防潰決有功於治河本不可少但當泛濫時鯀不先事疏導而務多陂障以堙之故水性逆而患害不息殛羽之罪所由來耳禹首疏九河下流既得宣洩則

上流勢若奔馬朝宗自速向鯀所為隄防正可資之制水使不旁出事固有因敗以為功者存乎人之善用則鯀之治水豈得謂之無功哉故曰禹纘父業若鯀果無功又有何業可使禹續惟九載之勤勞開其先故有八年之底績繼其後也況禹未用時滿廷臣工倘有如鯀者二帝亦豈漫然獨試之艱大之任哉若云方命圮族帝固已逆料之何待績用弗成之後也

禹娶塗山氏女生子啟辛壬癸甲啟呱呱而泣禹弗子惟荒度土功

錄曰鯀之癈以方命圮族禹之興以敏給克勤然則旨酒可

惡人道亦可損乎寸陰可惜辛壬亦可吝乎此公爾忘私國爾忘家至此而義無以復加已

檀弓事親有隱而無犯左右就養無方服勤至死致喪三年

錄曰親何必以有隱乎易曰幹父之蠱有子考無咎親雖有過子能幹之親之失卽子之得也是故舜父本頑也能左右之而頑化爲慈何必犯哉禹父本凶也能左右之而功蓋其過何必直哉若徒事掩藏非左右就養無方之義矣

禮記文王世子成王幼不能涖阼周公相踐阼而治抗世子法於伯禽欲令成王知父子君臣長幼之道也成王有過則撻伯禽所以示成王世子之道也

錄曰愚觀抗世子法於伯禽乃千古之妙術也世子之立雖幼君也師保傅之設雖尊臣也臣可以責君乎將徒嚴坐揖之禮而實無嚴憚之義若乃伯禽之於魯亦世子也師保傅所得專也故成王不可撻伯禽則無嫌矣豈惟伯禽無嫌雖成王亦莫得而嫌之也受撻雖禽而所撻則王將不猛省而奮發邪吾而不改其過則人不已其撻其過有限其撻無窮必寡之又寡以至於無過之地及其久也撻者免而過者化人但知終爲令主而不知所入之深故仲尼曰周公優爲之所以深許之也

凡三王教世子必以禮樂樂所以修內也禮所以修外也禮樂

交錯於中發形於外是故其成也懌恭敬而温文

錄曰三代以上禮樂爲實行三代以下禮樂爲虛文世子萬邦之本禮樂世子之本也世子而恭敬温文則君人無怠惰慘刻矣君人無怠惰慘刻則朝廷無乖張拂戾矣朝廷無乖張拂戾則天下無渙散危亡矣其豫養而夙儲之端乃在乎是所以優入治安之域而不覺也

立太傅少傅以養之欲其知父子君臣之道也太傅審父子君臣之道以示之少傅奉世子以觀太傅之德行而審喻之太傅在前少傅在後入則有保出則有師是以教喻而德成也師也者教之以事而喻諸德者也保也者慎其身以輔翼之而歸諸

道者也記曰虞夏商周有師保有疑丞設四輔及三公不必備唯其人語使能也

錄曰師保傅之設其重如此後世乃以爲兼官或虚隆其禮或徒存其名或任匪其人或職非其事皆非周公之本意又安所望於教世子之法哉

按自古開創之主皆身歷艱難備知民生疾苦施之於政自然宜民若繼世而立生長深宮苟不有以預教之而欲博知人情物理以身體之蓋亦難矣三王教世子法必立公孤之佐不離左右用能輔成其德所以致久安長治之本務也師者奉爲模範非特百行無玷萬事咸宜必須

德咸備萬邦足以師師而後一人可師也傅者引之德義不但審示大倫親喻德行必須開其端緒擴其方長使充滿其本量而後爲附益也保者安其身體匪直塊然形骸完全無恙必須長夕提撕警戒一跬步不敢失足一動念不涉傾邪色踐其形而後能保其心志也抑是三官方教世子時將燮理陰陽寅亮天地之事業畢已剴切敷陳異日論道以弼一人上下合德同心表正萬邦咸熙庶績自非難事故唯其人耳何必備其官哉

君之於世子親則父也尊則君也有父之親有君之尊然後兼天下而有之行一物而三善皆得者其齒於學之謂也故世子

齒於學國人觀之曰將君我而與我齒讓何也曰有父在則禮然而衆知父子之道矣其二曰有君在則禮然而衆著於君臣之義矣其三曰長長也而衆知長幼之節矣故父在斯爲子君在斯謂之臣居子與臣之節所以尊君親親也故學之爲父子焉學之爲君臣焉學之爲長幼焉父子君臣長幼之道得而國治語曰樂正司業父師司成一人元良萬國以貞世子之謂也

錄曰愚觀成周立法之善未有若世子之詳著審辨者以世子生於深宮之中位乎萬人之上孰敢與之齒亦孰從而齒之然而生必有所自統必有所承出必有所先世子與人同也雖世子與人同孰能使知其所同哉若夫衆人徒知巳之

有父而不知父之道雖尊不易徒知已之有君而不知君之道雖貴不移徒知已之有長而不知長之道雖崇高不變一齒讓間而纖悉必盡天下其猶指諸掌乎

按爲世子時天真未鑿情僞未開正可以元良期之亦非此時不足當此二字也元者善之長治國平天下無事不蘄於盡善然仁義禮智皆名曰善而仁者元也有是仁而貫乎父子君臣長幼之間則義由此起禮由此生智由此大信由此成萬善咸備矣然是道也非本無諸內而自外鑠也其灼然而明之者良知斷然而行之者良能取諸中而自覺豁如出乎已而故無窒礙聖賢非有加凡庸初無

歎也而非樂正父師之功不能究此元良之體元良既備以貞萬國如反掌矣過此以往人事日增天事漸損大聖大賢又從此充而達之以臻純熟故世子之時所當汲汲以此期之欣欣以此歸之也

說苑伯禽與康叔封朝於成王見周公三見三笞之康叔有駭色與伯禽見商子而問焉商子曰南山之陽有木曰喬盍往觀之二子往見喬竦焉實而仰商子曰喬者父道也南山之陰有木曰梓盍往觀之二子往見梓勃焉實而俯商子曰梓者子道也二子明日見周公入門而趨登堂而跪周公拂其首勞而食之曰安見君子對曰見商子周公曰君子哉商子也

錄曰此伯禽之撻不但訓成王亦以訓康叔也夫家人有嚴君者嚴主敬君主義敬義立而親親之道不孤矣家人嗃嗃悔厲吉者易子而教之也易子而教所以全其父子之恩也君子哉商子不傷恩不失義而能澤及十世豈非威如終吉之明驗與彼秦俗之誶語漢法之傷恩婦子嘻嘻失家之節何怪乎覆亂相尋也

國語周恭王游于涇上密康公從有三女奔之其母曰必致之王夫獸三爲羣人三爲衆女三爲粲粲美物也衆以美物歸女何德以堪之康公弗獻一年王滅密

錄曰密康公之母何其篤於愛子而昧於事君哉夫堂上之

與滕下雖親疎不同至於心之無二則一也果若其言以諜子則善矣以諜王則吾不知也姦人之大戾也如其義則雖祁祁如雲不以爲瀆如其非義則一婦已足爲厲階安在其爲三女乎顧以爲粲而致之王王又何以堪之乎

左傳桓公取郜鼎于宋納于太廟臧哀伯諫曰君人者將昭德塞違以臨照百官猶懼或失之故昭令德以示子孫今滅德立違而寘其賂器于太廟以明示百官百官象之其又何誅焉國家之敗由官邪也官之失德寵賂章也郜鼎在廟章孰甚焉周內史聞之曰臧孫達其有後于魯乎君違不忘諫之以德

錄曰臧哀伯之有後其諸臧僖伯之勸乎夫觀魚以崇靡其

過小章賂以誨亂其過大羽父之覸華督一間耳宋之亂既成魯之賊安討乎正其辭以歸獄桓罪葢爲之魁而彭生之乘特反乎爾已遂致子牙慶父仲遂意如之徒紛紛無所底止豈非作法於貪乎嗚呼臧氏之子可謂無負於魯矣厥後諸臧之孫有急病讓夷者有逐去東門者有號爲聖人者內史之談豈虛語哉

按從來國家之敗未有不由官邪葢其寵賂公行苞苴競起君無鉅橋之畜臣有金穴之藏上不在國下不在民卒至狐鼠憑城蜚鴻滿野悖道而入之貨終必不能爲已有身財俱喪明季之已事可覩也魯桓非不知成宋之亂爲

不義但已亦弑隱實抱慚德幸有同惡可與分辜是以特納其賂器雖哀伯備陳聲明文物極其端肅而拂心逆耳言之詎能入耶東萊呂氏謂哀伯魯之世卿乃不能為隱討賊而又發此失人之言由前觀之則不忠由後觀之則不智此雖責備過甚而實深惡夫魯桓黨惡之罪耳夫魯稱秉禮乃當昭王時周道尚未衰微諸侯猶皆奉法而魯侯弟濆弑兄幽公而自立大逆垂諸方策則是篡弑之端魯先世已開之於桓公乎何誅

石厚從州吁如陳石碏告于陳曰衛國褊小老夫耄矣無能為也此二人者實弑寡君敢即圖之陳人執之而請涖于衛衛使

右宰醜涖殺州吁于濮石碏使其宰獳羊肩涖殺石厚于陳君子曰石碏純臣也惡州吁而厚與焉大義滅親其是之謂乎

錄曰石碏庶幾可與亂矣夫僻與溺均之爲戮也公旣僻矣碏或溺焉有王者起其何能淑則向之正諫果何益哉桓立而碏老厚死而石安碏庶幾可與亂矣使漢之霍光知此明告於帝曰顯實與聞乎弑然後正淳于之罪停少女之婚霍之宗未滅也而卒以胥溺豈非不學無術與故曰爲人臣而不通春秋之義必陷簒逆之罪此之謂也

晉獻公將殺世子申生公子重耳謂曰子盍言子之志於公乎曰不可君安驪姬是我傷公之心也盍行乎曰天下豈有無父

之國哉使人辭於狐突曰申生有罪不念伯氏之言以至於死申生不敢愛其死雖然君老矣子少國家多難伯氏不出而圖吾君伯氏苟出而圖吾君申生受賜而死是以爲恭世子

錄曰獻公之不慈夫人得而膮之也而獻公之不孝人莫得而誅之也父子相繼以爲世者也故天之所與必先定其配偶正其嗣續所謂其類惟何室家之壼也而顧可瀆乎哉惑於驪姬猶可言也烝於齊姜不可言也世子盍籌之矣天所以誅不孝者以懲不祿則我何敢愛其死哉此無所逃而待烹申生乃所爲恭而自言巳志其在所後也夫

按申生之死人皆謂孝而愍然揆之當日情事不得不死

若投奔他國則身屬世子與他公子不同明其始末是彰君父之過也若歸而面訴則生與姬不兩存縱獻公昏憒優容驪姬然生終必死姬手若姬果死則寢不安食不飽雖以天寶身歷播遷宗社灰燼猶然不忘鈿合金釵之誓雨淋鈴曲之悲而謂晉獻遂能抑情醒迷使申生日侍厥側晏然甘心乎夫晉獻非不愛申生也聚桓莊之族盡殺之實爲申生久遠子孫計即其置曲沃時亦未遽惡申生乃中夜一泣遂至殺之而不覺則天性之愛可爲外物游移本心之良全然汨没烏能保其後耶至重耳之出始則用子犯之言以辭秦後則善先軫之謀以誘楚純乎用智

以成伯業傳至襄悼尚爲雄長較之申生詎非高識然吾以爲重耳之智可及申生之愚不可及也

公使寺人披伐蒲重耳曰君父之命不校乃徇曰校者吾讐也踰垣而走披斬其袪遂出奔翟

錄曰重耳庶幾可與難矣夫君父之命不校校者吾讐也漢衛據之傅石德乃教以矯節收江充等繫獄豈非讐乎小杖則受大杖則走人子之道當如是也雖踰垣而奔翟何害其行乎忠難之義哉

晉襄公卒穆嬴日抱太子以啼於朝曰先君何罪其嗣亦何罪舍適嗣不立而外求君將焉寘此出朝則抱以適趙氏頓首於

宣子曰先君奉此子也而屬諸子曰此子才吾受子之賜不才吾唯子之怨今君雖終言猶在耳而棄之若何宣子與諸大夫皆患偪乃背先蔑而立靈公

錄曰靈公之謀趙盾蓋不待驟諫之日而在於頓首之間乎夫君而頓首其臣臲卼甚矣爲盾者計惟損私家之權歸公室之政乃不思自反昧於進退存亡之道宜其動而有悔也且雍與樂皆盾主而一則拒之刎首情可原也一則殺諸郫罪可逃哉固不待董狐之筆而爰書早定矣此義不明顧乃紛紛藉藉若鉏麑之觸槐提彌明之斃獒桑間靈輒之倒戟其迹皆似吝其咎又安歸乎

周內史叔服至魯公孫敖聞其善相人也見其二子叔服曰穀也食子難也收子穀也豐下必有後於魯國穀生蔑蔑生速速生羯羯生貜是爲僖子僖子將死召其大夫曰孔丘聖人之後也臧孫紇有言曰聖人有明德者若不當世其後必有達人今其將在孔丘乎我若獲没必屬說與何忌於夫子使事之學禮焉以定其位故孟懿子與南宮敬叔師事仲尼仲尼曰能補過者君子也

錄曰此公子慶父之後也而曰能補過以著教也夫仁者必有後世之道也有子考無咎蠱之道也周公命蔡仲曰爾尚蓋前人之愆亦正此意合而觀之可見聖人公天下之善矣

季文子相魯無衣帛之妾食粟之馬仲孫它諫曰子爲魯上卿相二君矣妾不衣帛馬不食粟人其以爲愛且不華國乎文子曰吾亦願之然吾觀國人其父兄之食粗而衣惡者多矣吾是以不敢美妾與馬且吾聞以德榮爲國華不聞以妾與馬文子以告孟獻子獻子囚之三日自是子服之妾衣不過七升之布馬餼不過稂莠文子聞之曰過而能改民之上也使爲上大夫子服它之字蔑之子也

錄曰劉康公聘於魯發幣於大夫季文子孟獻子皆儉歸語王曰季孟其常處魯乎敬恪恭儉臣也以敬承命則不違以恪守業則不懈以恭給事則寬於死以儉足用則遠於憂其

上下無隙何任弗堪所以爲今聞長世也其言正與此合

按儉德之共也儉無施而不可儉於身心則制節謹度不

敢放逸儉於家室則量入爲出用之以禮儉於天下則居

敬行簡法令不煩修齊治平之效咸基於此今人茅不儉

耳不儉則往往喜聲伎列粉黛漸至衣飾華靡宴飲豐縟

器用彫幾下逮僮僕亦鸞篦絲䙗車如流水馬如龍相因

之勢有不期而然者宋相王旦素性儉約無姬侍後眞宗

命內東門司爲其買妾旦恐違上意聽之先是參政沈倫

家壞其子孫欲鬻銀器旦曰吾安用此家人私以銀易之

及姬侍既具問沈氏銀器猶在乎家人謝曰向巳私易之

矣旦欣然用之若故有而唐時楊綰爲相制下之日郭子儀方宴客減坐中聲樂十之八京兆尹黎幹省其騶騎中丞崔寬亦亟毁居第則儉固易入於奢而奢亦可化爲儉轉移之疾端在乎人耳文子之賢自不以宅言易節若它能聞人言而卽改過亦可謂質之敏者矣

公父文伯退朝朝其母其母方績文伯曰以歜之家而主猶績乎其母嘆曰魯其亡乎使僮子備官而未之聞邪夫民勞則思思則善心生逸則淫淫則忘善忘善則惡心生沃土之民不材淫也瘠土之民莫不嚮義勞也是故王后親織玄紞公侯之夫人加以紘綖卿之内子爲大帶命婦成祭服列士之妻加之以

朝服自庶士以下皆衣其夫社而賦事烝而獻功男女効績愆則有辟古之制也吾冀而朝夕修我曰必無廢先人而今曰胡不自安以是承君之官予懼穆伯之絕祀也

錄曰公儀休之罷織與敬姜之効績有以異乎曰無以異也夫男女之别在内與外而興亡之戒在淫與貪以儀之相不可有爭利之嫌以母之守不可懷晏安之毒若文伯者外無奉公之節內有多欲之愆亡無日矣母不惟可聽而又可信家人之表表乎謚爲敬姜有由然矣

范武子將老召其子燮曰吾聞之喜怒以類者鮮易者實多君子之喜怒以已亂也弗已必益之郤子其或者欲已亂於齊乎

不然余懼其益之也余將老使郤子逞其志庶有豸乎爾從二三子惟敬乃請老郤獻子爲政文子退朝而暮武子曰何暮也對曰有秦客廋辭於朝大夫莫之對也吾知三焉武子怒曰大夫非不能也讓父兄也爾童子而三掩衆於朝吾不在晉國亡無日矣擊之以杖及郤子伐齊師勝而返文子後入武子曰無爲吾望爾也乎對曰師有功國人喜以逆之先入必屬耳目焉是代帥受名也故不敢武子曰吾知免矣

錄曰愚觀士會之訓燮乃知諸宗之存亡有以哉夫狐趙冀郤欒范晉所謂大宗也族大則盈生盈生則驕至驕至則怨集所謂可畏不可恃者矧又益之以喜怒哉是故穿之弑不

在桃園之攻而在河曲之戰郤之亡不在胥童之誅而在夫人之辱武子見之熟矣使爲盾者不狥輕肆之言以遏其驕寵之性下宫之難未必遽作也爲獻者不崇怨欲之心以抑其克伐之意三郤之辜亦未必盡伏也智哉隨武子訓其子必以敬讓敬德之聚也讓禮之崇也能敬則必不肆能讓則必不伐他日鄢陵之反從容順正而匄軼之嗣令名周全其視狐趙欒郤又何如哉

魏獻子謂成鱄曰吾與戊也縣人其以我爲黨乎對曰戊之爲人遠不忘君近不偪同居利思義在約思純有守心而無淫行雖與之縣不亦可乎及梗陽人有獄其宗賂以女樂魏子將受

之魏戊謂閻没女寛曰主以不賄聞於諸侯若受梗陽人賄莫甚焉吾子必諫皆諾退朝待於庭饋入召之比置三嘆旣食使坐魏子曰吾聞諸唯食忘憂吾子置食之間三嘆何也對曰或賜二小人酒不夕食饋之始至恐其不足是以嘆中置自咎曰豈將軍食之而有不足是以再嘆及饋之畢願以小人之腹爲君子之心屬厭而已獻子辭梗陽人

錄曰父子之間不責善魏戊可謂能用諫矣知臣莫若君知子莫若父獻子可謂能用人矣微辭詭説使言者無忌聽者易入二子可謂能用言矣然則何嫌之可避而惓惓於戍鱄之間邪善乎程子曰凡人避嫌者皆内不足也内旣足何假

於賄乎此其作法於貪無怪乎從獸無厭以取栢榔之貶不得謂之忠矣

論語陳亢問於伯魚曰子亦有異聞乎對曰未也嘗獨立鯉趨而過庭曰學詩乎對曰未也不學詩無以言鯉退而學詩他日又獨立鯉趨而過庭曰學禮乎對曰未也不學禮無以立鯉退而學禮陳亢喜曰問一得三聞詩聞禮又聞君子之遠其子也

錄曰伯魚之對有五善嘗獨立者其時閒而適仰不愧俯不怍也趨者其禮矜而莊無狎恩無恃愛也詩禮公物也未者知而不欺無怠惰無傲慢也無以者寬而有容無責善無賊恩也至於退而學則彬彬矣即其無異聞而大有異者存乎

其中惜亢之見不及此始以私意窺終以寸益喜使千載之下不能不致疑於魚得非亢之過與

家語曾子寢疾樂正子春坐於牀下子元申坐於足童子隅而坐執燭曰華而睆大夫之簀與子春曰止曾子聞之瞿然曰斯季孫之賜也我未之能易也元起易簀元曰夫子之病革矣不可以變幸而至於旦請敬易之曾子曰爾之愛我也不如彼君子之愛人以德細人之愛人以姑息吾何求哉吾得正而斃焉斯已矣舉扶而易之反席未安而没

録曰夫所謂父母全而生子全而歸者蓋言乎生理之本全也則何但啟予手足而已哉自三省以至寢疾自傳習以至

一貫自避席以至執燭而待苟有一毫不得其正不可爲之
全歸也不則上帝所降之衷顧輕於父母所遺之體乎是故
必易簀而後吾知免夫也若徒使弟子開衾而視抑末矣
按曾子之啟手足正見平日未嘗失手足於人若止論形
體則世之得保首領以没者多矣至易簀一事只須活看
倘簀有一定差等曾子宜辭之於先今既受之則自可寢
於其上可卒於其中故子春曾元皆不欲易非苟安僭越
正爲不必易也果於義不可則子春之一舉足不敢忘父
母者肯陷師於有過之地乎即曾子平日亦豈肯甘於不
義下莞上簟乃安斯寢乎獨是臨終時尤須神閒氣定故

必易之不欲華晥而傷素質覩季路之結纓皆不以死生之變易其所守者非毅而何哉

小學孟軻之母其舍近墓孟子之少也嬉戲爲墓間之事踴躍築埋母曰此非所以居子也乃去舍市其嬉戲賈衒母曰此非所以居子也乃徙舍學宮之旁其嬉戲乃設俎豆揖讓進退孟母遂居之

錄曰孔子之嬉戲常陳俎豆設禮容本於生知也孟子之嬉戲亦設俎豆揖讓進退本於學知也此大聖大賢之分定於爲兒之時者然也

按孟之受姓出自魯公族魯公伯禽而下九世曰桓公生

四子嫡曰同卽莊公也其庶子爲三家初以仲叔季爲氏其後加以孫葢公子之子稱公孫也仲曰慶父後改爲孟漢梅福有言諸侯奪宗如淳曰奪宗始封之君尊爲諸侯則奪其舊爲宗子之事也葢大小宗法大夫士有之諸侯則絕故共仲之後爲孟氏食邑于鄒故孟子爲鄒人生三歲而孤母仉氏敎之故世止知有孟母而孟父之名不著今考父名激字公宜見之正傳或曰父名難人又云名彥璞則見之明時支允堅軼事考鏡至今啟聖祠配食習不加察卽詢之亞聖裔亦無確據姑闕疑以俟博考焉

通鑑安陵人縮高之子仕於秦秦使之守管信陵君攻之不下

使人謂安陵君曰君其遣縮高吾將仕之以五大夫使爲執節尉安陵君致信陵之命縮高曰君之幸高也將使高攻管也夫父攻子守人之笑也見臣而下是倍主也父教子倍亦非君之所喜敢辭使者以報信陵君大怒曰安陵之地亦猶魏也今吾攻管而不下則秦兵及我社稷必危願君生束縮高而致之若君弗致無忌將發十萬之師以造安陵城下安陵君曰吾先君成侯受詔襄王以守此城也手授太府之憲曰國雖大赦降城亡子不得與焉今縮高辭大位以全父子之義而君必生致之是使我負襄王之詔而廢太府之憲也雖死終不敢行縮高聞之曰信陵君猛悍自用此辭反必爲國禍吾已全已無違義矣

豈可使吾君有魏患乎乃刎頸死

錄曰安陵之辭縮高不愈於侯嬴之教信陵乎夫幸其父從君之令以取大位匹夫猶尚羞之矧敎其臣叛君之命以求勝名侯生甘爲之哉王之爲偏姬之爲慜亥之爲剽鄙之爲豚無忌之爲懟皆嬴之賊有以啟之也假令無忌遂以簒逆嬴可從臾亥可加功姬可兒戲鄙可袖手乎以是知王者不作其亂有如此者而必誅無赦之刑豈聖人之過計哉

齊淖齒之亂湣王出奔王孫賈從之已而失王之處其母曰汝朝出而晚來則吾倚門而望汝暮出而不還則吾倚閭而望汝今事王王出走汝不知其處汝尚何歸焉賈乃攻淖齒殺之於

是齊亡臣相與求湣王子法章立爲王保莒城以拒燕

錄曰王孫賈之母何如孟嘗君乎平時盜一國之名寵安危闔闢惟已所制刎於國破君亡曾是而不加之意哉而卒殺淖齒立襄王保莒城以拒燕者皆母之義有以激之也然則爲田文者可以媿死矣或曰湣欲去文文奔魏故無及也愚曰夫湣而有是哉上不見天下不見地中不見人而乃見文夫湣而有是哉則母之言若固有以啟之也

漢書文帝時賈誼上疏言古之王者太子乃生固舉以禮有司齊肅端冕見之南郊過闕則下過廟則趨故自爲赤子而敎以行矣孩提有識三公三少固明孝仁禮義以道習之逐去邪人

不使見惡行於是皆選天下之端士孝悌博文有道術者以衛翼之使與太子居處出入故太子乃生聞正言行正道左右前後皆正人也夫三代之所以長久者以其輔翼太子有此具也

錄曰誼之疏可謂深明其未然矣夫古者天子之元子衆子以至公卿大夫元士之嫡子與凡民之俊秀皆入大學而教之以窮理正心修已治人之道及周之衰教化陵微道之廢也不獨秦已然矣以文帝之賢而不能用誼之説君子之所深惜也厥後景帝殺戮大臣變易元子廢置主后驕寵愛弟幾蹈秦之故轍孰謂誼果少年之見乎哉

萬石君石奮歸老於家過宮闕必下車趨見路馬必軾子孫爲

小吏歸謁必朝服見之不名有過失不誚讓爲便坐對案不食然後諸子相責固謝改之乃許子孫勝冠者在側雖燕必冠申申如也僮僕訢訢如也唯謹長子建爲郎中令少子慶爲內史建老白首萬石君尚無恙每五日洗沐歸親入子舍竊問侍者取親中帬厠牏身自浣滌一日慶醉歸入外門不下車萬石君聞之不食慶恐肉袒謝罪不許舉宗及兄建肉袒萬石君讓曰內史貴人入閭里里中長老皆走匿而內史坐車中自如固當乃謝罷慶及諸子入里門趨至家

錄曰愚觀秦漢之際刑家之梏而迺有石氏之禮法可以見人心之天矣使若人者以傅太子以訓諸侯王若伯禽抗世

子之法則漢俗庶幾有瘳乎奈何徒見躬行之不費而不知非由清靜玄妙之虛文徒厭儒術之紛華而不知本乃性分固有之實用乃以建爲郎中令慶爲內史則給事之官錢穀之職其於國家之益能幾何哉詎之太息良有以也

按萬石君之教家一本於義故能感化子孫勇於聽受不言而躬行也夫至親無文豈其無禮文之謂哉亦謂家庭之間朝夕聚順不可虛文從事爾今人苦不知義之所在本有一定之宜徒取外貌掩飾峨冠博帶容肅肅而言嗃嗃似乎動循矩矱然能持於衆而不能持於獨持於大庭而不能持於暗室持於偶見乍見之賓而不能持於奔走

服事之僕妾甚至妻子之前亦工修飾此幸保其無背毀足已安望能感化一家哉竇太后不喜儒者而獨嘆美萬石君亦由僞儒之自召侮耳矣

金日磾本休屠王太子母閼氏教之有法日磾奉母盡孝道武帝聞而嘉之詔圖其像於甘泉宮日磾每過見畫像常拜泣然後去及日磾長子爲武帝弄兒其後壯大自殿下與宮人戲日磾適見遂殺之上怒日磾具言所以上爲之泣而心敬之

錄曰夫成季之勳宣孟之忠而不祀者原同屏括之淫乎莊姬也康叔之胄祝融之墟而盡滅者公子頑之逼乎君母也矧殿廷何地宮人何人可與之狎而若罔聞乎日磾與霍光

均之不學者也豈其光之無術而礭之有識哉斷與不斷恐與不恐之間而已矣

韋賢與子玄成俱以明經位丞相故鄒魯之間曰遺子黄金不如一經賢爲人質樸徵爲博士詔授帝詩故宣帝甚見尊重本始三年爲丞相封扶陽侯玄成尤謙遜下士兄弘爲太常丞當嗣及賢病篤家以玄成上有詔引拜玄成辭避不得已受爵宣帝高其節擢河南太守弘東海太守初帝寵姬張婕好男淮陽憲王好政事通法律上奇其材欲以爲嗣然因太子起細微又早失母故不忍久之上欲感風憲王輔以禮讓之臣乃拜玄成爲淮陽中尉及元帝即位十年之間遂繼父相位封侯

錄曰漢世以經術居相位者自公孫而後韋氏父子而已賢髦老當柄居位五年遂乞骸骨歸丞相致仕自賢始其時以爲美談玄成在政府七年守正持重不及其父而文采過之夫以宰相之任上位天地下育萬物如以文焉而已乃學士之選也所以終漢之世相業無聞非逡巡自保則因循故事無惑乎治道之止於斯也

史記司馬談仕於建元元封之間爲太史掌天官不治民有子曰遷仕爲郎中奉使西征巴蜀以南還報命是歲天子始建漢家之封太史公留滯周南不得與從事故發憤且卒而子遷適使反見父河洛之間太史公執遷手泣曰余死汝必爲太史爲

太史無忘吾所欲論著矣自獲麟以來四百餘歲諸侯相兼史記放絶今漢興海內一統明主賢君忠臣死義之士余爲太史而弗論載廢天下之文余甚懼焉遷俯首流涕曰小子不敏請悉論先人所次舊聞弗敢闕卒三歲而遷爲太史令於是論次其文述往事思來者卒述陶唐以來至於麟止自黃帝始著十二本紀十表八書三十世家七十列傳凡百三十篇藏之名山副在京師以俟後世君子

錄曰按遷自敘曰漢繼五帝末流接三代統業秦滅古文明堂金匱石室玉版圖籍散亂漢興更蕭何韓信張蒼叔孫通百年之間彬彬文學稍進詩書往往間出時天下遺文古事

靡不畢集太史公太史公相續纂其職夫固有所受也然猶憤發於黨禍而成百三十篇之書刻於後學而敢面牆乎哉及班氏繼作盡用其文至後杜預通典鄭樵通志馬端臨通考詔許於三館借書尚書給筆札繕寫而溫公通鑑文公綱目胡安國春秋傳一時學徒暨廼子厥壻皆同纂校嗚呼何其盛哉今或志可勉而力之所逮已不能勉才可強而書之所載已不可強已可信而人之所好已不可信則亦徒志而已君子不可徒羨古人之才美又不可甘蹈今人之自畫於可勉而勉之可信而信之則亦庶幾乎一家之冗說矣

按遷採七十二家言作史記劉向楊雄博極羣書咸心折

其善而論者猶然病之至有摘其自敘中左丘孫子等語謂韓非說難孤憤實著於囚秦之前不韋呂覽懸門於柄國之際乃遷欲抒已見以事就文特多引述之謬推而至於紀傳其爲誣僞不少不知時當秦火之餘文獻闕畧遷能網羅放失舊聞備載數朝行事纂輯甚難觀者自當識其大者如斯道未有發明而首進孔子於世家以定萬世師表之凖帝后偕尚黃老而並列申韓於老莊以明倏刻之術原於曠達皆具過人之識宜爲著作之祖豈後之表人物者所可望其肩背乎觀其父談執手河洛涕泣丁寧惟以續成論著不墜職業爲囑則是書之作本遵父治命

以故積思七年實起草於未被李陵之禍之先而觀成於後乃讀者不原其孝思之可則而第謂其因遭刑僇身毀不用故托空言以自見則亦未詳其自敘之本末而妄議之矣古人著作大抵皆非無因然必悉其苦心而後加之評論不則幾何而不湮没於淺見者之浮言也

劉向三子伋賜皆力學惟歆最知名父子俱好古受詔領校祕書講論六藝傳記諸子詩賦數術方技無所不究向卒歆復領五經終父前業始皆治易宣帝時詔受穀梁春秋見古文春秋左氏傳歆大好之初左傳多古字古言學者訓故而已至是歆引傳文以解經轉相發明由是章句義理備焉復湛靖有謀博

見彊志過絶於人嘗以左丘明好惡與聖人同親見夫子而公羊穀梁在七十子之列傳聞之與親見其詳畧不同數以難向向不能非間也

錄曰班固贊曰仲尼稱材難自後綴文之士唯孟軻荀况董仲舒司馬遷劉向楊雄此數公者皆博物洽聞通達古今其言有補於世傳曰聖人不出其間必有命世者劉氏鴻範論發明大傳著天人之應七畧剖判藝文綜百家之緒三統歷譜考步日月五星之度有意其推本之也嗚呼向言山陵之戒於今察之哀哉指明梓柱以推廢興昭矣豈非直諒多聞之益與觀固所言與向前後所上封事忠精懇篤天何不祐

之乎而卒以空言殆天所廢非人所能也子駿改名應讖爲

師市寵於父蓋有愧云

按劉氏父子苦心力學爲世儒宗而後人論者謂向不逮歆觀其評品人物每以歆言爲當信如所論然向實精忠屢蹈危機而卒考命歆以宗臣爲莽國師貴重矣而卒死於法禍福匪人可趍避如日忠邪之判天道應爾乃丁公項伯一殺一封季布鍾離昧一貴一死荀彧仰藥而華歆王朗爲魏名臣茅焦生於積尸之後關其思戮於受言之時孔光以愼密顯賀邵以風瘖誅以此律之天道是邪非邪是以君子惟當擇義而行不計禍福然則向豈眞劣於

歆哉歆之博洽實得之家庭一失足而身名俱隕其亦不知義也夫

鄭玄戒子益恩曰吾家舊貧不爲父母羣弟所容出爲厮役之吏游學周秦之都往來幽并兗豫之域獲覲在位通人處逸大儒咸從捧手有所受焉遂博稽六藝粗覽傳記時覩秘書緯術之奥年過四十乃歸供養遇閹尹擅勢坐黨禁錮十有四年公車再召比牒併名早爲宰相惟彼數公懿德大雅克堪王臣故宜式序吾自忖度無任於此但念述先聖之元意思整百家之不齊亦庶幾以竭吾才而黃巾爲害萍浮南北復歸鄉邦歲巳七十宿素衰落案之禮典便合傳家今我告爾以老將隱居以

安性覃思以終業咨爾煢煢一夫曾無同生相依其勗求君子之道研鑽勿替敬慎威儀以近有德顯譽成於僚友德行立於已志若致聲稱亦有榮於所生若忽忘不識亦已焉哉

錄曰愚觀康成生前所疏難不啻百餘萬言臨末憒憒徒以所好羣書率皆腐敝不得於禮堂寫定傳與其人且自嘆曰西方暮祇以其意戒子未嘗求知於人也及益恩赴孔北海之難身隕祚微遺腹小同益不足恃而所注十三經及諸論述卒乃大行於世孔子不云乎不患莫已知求爲可知也其終身無紱冕之情有讓爵之誼亦非溢美比之馬融羞曲士之節終以奢樂恣性黨附成譏不可同日語也

按康成自弱冠即造太學師事京兆第五元通京氏易公羊春秋三統曆九章筭法又從東郡張恭祖受周官禮記左氏春秋韓詩古文尚書已而西入關因涿郡盧植師事馬融三年不得見會融集諸生考論圖緯聞康成善筭始召見於樓上因得質諸疑義問畢即辭歸融喟然曰吾道東矣大將軍何進袁隗爭辟召不赴觀其臨終戒子惟以生平著述不得獻之闕下爲恨自古作者苦心大率如是世有克肖之子象賢之孫可不兢兢留意乎哉

班彪才高專心史籍自司馬遷著史記太初以後闕而不錄彪乃繼採前史遺事旁貫異聞作傳六十五篇彪卒子固以父所

續前史未詳乃潛精研思欲就其業既而有上書告固私作國史詔下郡收繫獄盡取其家書固弟超詣闕上書得召見具言固所著述意顯宗奇之召詣校書部除蘭臺令史與前睢陽令陳宗長陵令尹敏司隸從事孟異共成世祖本紀遷爲郎典校秘書又撰列傳載記二十八篇奏之帝復使終成前所著書固以爲漢紹堯運以建帝業至於六世史臣乃追述功德私作本紀編於百王之末厠於秦項之列故探撰前記綴集所聞爲漢書起高祖終孝平十有二世二百三十年綜其行事旁貫五經通爲春秋考紀表志傳凡百篇自永平受詔積思二十餘年至建初中乃成當時甚重其書學者莫不諷誦

錄曰愚觀班馬之述作皆有所祖潛精研思無足多者獨以顯宗之峻刻不惟赦固及身之戮而反假以著作之柄此千古所罕聞也抑孔子作春秋丘明述國語皆當時之事固宜避諱刋遭逢皆季世若必以爲罪當何所逃哉故觀壺遂難司馬遷之言君子蓋不可以不愼也

按班固漢書旣因父彪而自高至武皆資馬遷自昭迄平復資賈逵劉歆又有曹大家續之則其自爲無幾故鄭樵譏其無學而徒事剽竊然自古作史未有成於一人之手者遷史亦本父談雜考周秦諸書至陋如僞泰誓亦多採入議者猶恨其承秦火後博雅不足則知作史貴於旁搜

廣稽網羅散佚但慮剽竊不到耳何訾於遷固哉獨是固以八十萬言紀二百三十年事而遷紀三千年事惟五萬言繁簡質縟之間剪裁之識不可假借優劣當自具見論者又傷遷之博物洽聞而不能鑒古以智免極刑固則明知論遷而身復蹈竇憲之禍豈明於論人拙於處己汶於入局察於旁觀亦猶夫庸碌者乎然不必以是爲二子病也遷與陵俱居門下相得其交非他人比固尤爲竇憲所知經肅宗葉公好龍之喻而不變固安得不傾倒於憲哉諺云士爲知己死若遷爲陵辱固爲憲殉勢有不容已難爲不知者道即明知之又何妨蹈之邪

馬援兄子嚴敦並喜譏議通輕俠援書戒之曰吾欲汝曹聞人過失如聞父母之名耳可得聞口不可得言也好議論人長短妄是非政法此吾所大惡也寧死不願聞子孫有此行也龍伯高敦厚周愼口無擇言謙約節儉公廉有威吾愛之重之願汝曹效之杜季良豪俠好義憂人之憂樂人之樂父喪致客數郡畢至吾愛之重之不願汝曹效之也效伯高不得猶爲謹敕之士所謂刻鵠不成尚類鶩者也效季良不得陷爲天下輕薄子所謂畫虎不成反類狗者也

錄曰以援之謹飭而不免身後之謗何邪夫援自壯時欲就邊郡田牧蓄未爲得志也故其奮志自謂窮且益堅老當益

壯夫誰能奪之及其致身於人便爲分限雖欲馬革裹尸甘心瞑目豈能盡如所願也旣有請行之言又爲據鞍之態譏人從而媒蘖之此其求全之毀尚類刻鵠之事向非朱勃之論不幾同畫虎者邪將益信讒餙之尚有未盡而輕俠之安所爲可乎

靈帝大誅黨人詔下急捕范滂等督郵吳導至縣抱詔書閉傳舍而泣滂聞之曰必爲我也卽自詣獄縣令郭揖大驚出解印綬引與俱亡曰天下大矣子何爲在此曰滂死則禍塞何敢以罪累君又令老母流離乎其母就與之訣滂白母曰仲博孝敬足以供養滂從龍舒君歸黃泉存亡各得其所唯大人割不忍

之恩勿增感戚母曰汝今得與李杜齊名死亦何憾既有令名復求壽考可兼得乎滂跪受教復顧其子曰吾欲使汝爲惡則惡不可爲使汝爲善則我未嘗爲惡行路聞之莫不流涕

錄曰范滂之母人謂其明於義也愚以爲不得已而作是言也縱使愛惜其死將何益哉曷若辭之曰人生修短自有義命顏回爲善於爾何如有命在天不爲道已豈不達哉至於李杜生與同難死何足方若乃名之一字始末禍端尤不當舉爲言也所喜者仲博有子龍舒克男仁者有後不爲廢絕不然舍髮白之親而罹短命之獄豈惟行道出涕者乎

晉書王裒父儀爲魏安東將軍司馬司馬昭東關之敗問於衆

曰今日之事誰任其咎儀曰責在元帥昭怒曰司馬欲委罪於孤邪引出斬之裒痛父死非命隱居教授廬墓側旦夕常至墓所拜跪攀栢悲號涕淚着樹樹爲之枯讀詩至哀哀父母生我劬勞未嘗不三復流涕門人受業者並廢蓼莪之篇家貧躬耕計口而田度身而蠶或有密助之者裒皆不聽及司馬氏篡魏裒終身未嘗西向坐以示不臣於晉

錄曰王祥孝矣及其爲三公也魏置其君而視之如弁髦土梗然曾不若剖氷求鯉之堅且篤也孟宗賢矣及其爲大夫也吳孫綝廢亮反爲告太廟而行之曾不若泣竹感天之順且從也然則終身不西向者豈徒誦蓼莪之篇而能然哉

兗州刺史王昶爲人謹厚名其兄子曰默曰沈名其子曰渾曰深爲書戒之曰吾以四者爲名欲使汝曹顧名思義不敢違越也夫物速成則疾亡晚就則善終朝華之草夕而零落松栢之茂隆寒不衰是以君子戒於闕黨也夫能屈以爲伸讓以爲得弱以爲強鮮不遂矣夫毀譽者愛惡之原而禍福之幾也人或毀已當退而求之於身若已有可毀之行則彼言當矣若已無可毀之行則彼言妄矣當則無怨於彼妄則無害於身又何反報焉諺曰救寒莫如重裘止謗莫如自修斯言信矣

錄曰昶之命子若預爲渾設也夫沈默渾深四者皆謹厚不伐之旨也是故願其如海焉納百川而未見其盈也願其如

河焉涉萬里而未見其止也以昶之謹厚而後有渾與濟之洪雅使能充之於功名之際則爲有道之士弘之於容人之量則成長者之風豈不益賢乎哉惜其徇於流俗狃於愧恨旣不免時人之譏及居台輔聲望日減則頓失命名之義矣

按君子戒於闒黨非惡速成惡其中無實而急求躐等以倖致虛名耳夫松栢晩就其間積有歲月植根深固挺幹堅實當艷陽時雨露雖極濃厚而本體凝承得起隨其滋潤畧無滲漏由是夏而長秋而成氣禀益純風標益勁迨至歷雪經霜適爲磨厲之具以顯其峻特之操豈能減其色哉設使蚤不自愛任所遭逢優游悠忽轉盼冬嚴而始

圖有所成就則是自棄可乘之歲月而欲振作暮氣以冀晩蓋吁亦難矣孟子言天降大任必在動心忍性之人而豈槃施之勞苦空餓者邪至屈以爲伸讓以爲得弱以爲强尤爲修已之要蓋能屈於一時而後可伸於百世讓於一心而後能得乎天下弱於匹士而後能强於萬夫若徒逞已私行乎伸與得與强之途則未有不至於屈於讓於弱而後已者此天地自然之道豈盡黃老守雌之說哉

唐書貞觀二十二年上作帝範十二篇賜太子曰君體建親求賢審官納諫去讒戒盈崇儉賞罰務農閱武崇文且曰修身治國備在其中一旦不諱更無他語又曰汝當更求古之哲王以

爲師如吾不足取法吾居位以來不善多矣錦繡珠玉不絶於前宮室臺榭屢有興作犬馬鷹隼無遠不致行遊四方供頓煩勞此皆吾之深過勿以爲是而法之顧我弘濟蒼生其益多肇造區夏其功大益多損少故人不怨功大過微故業不隳然比之盡善固多愧矣汝無我之功勤而承我之富貴竭力爲善則國家僅安驕惰奢縱則一身不保且成遲敗速者國也失易得難者位也可不惜哉可不慎哉

錄曰唐太宗之作帝範可謂至矣惜其於君子之道槩未之聞也夫君子之道造端乎夫婦及其至也察乎天地此上古聖人所謂徹上徹下由內以及外由家以至朝廷然後爲無

弊也今觀自君體建親以至闡武崇文莫不畢陳又自細微過失以及事功顯迹悉皆無隱可謂至再至三而未嘗一及於刑家之道帝豈見不及此哉武曌之立蓋反巢剌之亦家事之對特報胥父之讎耳是以古之君子務正心誠意愼微謹獨未嘗一念之或苟然後及於治國平天下一以貫之而無遺此殆帝之所獨闕而唐之所深禍與

鄭善果父誠母崔氏嚴明節操博涉書史通曉治方誠爲周大將軍戰死善果襲父爵及爲魯郡守每出廳事母輒坐障後察之聞其剖斷合理歸則大悅若行事不允或妄嗔怒即還淚泣不食召善果伏牀下責曰汝先君在官清恪以身殉國汝自童

子襲茅土至方伯安可妄加嗔怒墮於公政内墜家風外虧天子之法何面目見汝先君善果由是克巳號爲淸吏

崔玄暐母盧氏嘗戒子曰吾聞姨兄辛玄馭云子姓凡居仕宦人有言貧乏不能存此是好消息若聞財貨充積此是惡消息吾嘗以爲確論比見親表中務多財以奉親而其親不究所從來必出乎廪祿則善矣如其不然何異盜乎若汝爲吏不能忠淸無以戴天履地宜識吾意故玄暐所至以淸白名

録曰鄭母談虎而色變葢有所傷之也故其辭烈崔母見賢而思齊夫有所受之也故其語温二子卒皆以淸白聞信乎陰敎之不虛也而玄暐遂能反正廢主有大功於唐較之善

果晚節蓋有間矣

韓休子七人浩洽洪汯滉渾洄皆有學尚節義藉甚於時安祿山反皆陷賊逼以官不受出奔行在爲賊所禽浩洪渾皆遇害肅宗以汯爲諫議大夫洽爲殿中侍御史洄爲國子祭酒滉貞元初加檢校左僕射同平章事性節儉居嘗陋薄取庇風雨門當列戟以父時第門不忍壞乃不敢請堂先無挾廡弟洄稍增之輒除去曰先君容焉吾等奉之常恐失墜若摧圮繕之則已安敢改作以傷儉德休著家範訓飭子弟甚嚴故當時言家法者必推韓氏穆氏云

穆寧子四人贊質員賞世以儒聞寧剛正氣節自任以明經調

鹽山尉過平原聞祿山反乃以其子屬母弟曰苟不乏嗣足矣卽馳謁顏眞卿曰先人有嗣我可以從公死也德宗在奉天奔詣行在擢秘書少監及寧老贊爲御史中丞質右補闕員侍御史賞監察御史皆以守道行誼爲縉紳所仰贊最孝謹質強直員工文詞賞尚節義俱有令譽而和粹當時以珍味目之贊俗而有格爲酪質美而多文爲酥員爲醍醐賞爲乳腐寧平居嘗譔家令訓諸子人各一通曰君子之事親養志爲大吾志直道而已苟枉而道三牲九鼎非吾養也

錄曰休爲一代元臣其家法峻整有自來也寧一儒者爾何至與韓氏並稱邪蓋節義之在天地間匹夫之於王公一也

是故有歲寒之澹蕩而後有春融之敷華休之許君以義寧之許友以死凛然立身大節可以爲柯幹可以爲巖石他日和之爲羹鼎調之爲鹽梅無慼乎皆以珍味目之也然則當時之說豈無謂哉

宋史太祖母昭憲杜太后治家嚴毅有法太祖即位尊爲皇太后拜於堂上衆皆稱賀后獨愀然不樂左右曰臣聞母以子貴今子爲天子曷爲不樂太后曰吾聞爲君難天子置身億庶之上若治得其道則此位可尊苟或失馭求爲匹夫不可得是吾所以憂也太祖再拜曰謹受教

錄曰后常目擊五代之亂至室家母子不能相保故有是諭

雖然大禹陳謨首以克艱爲言后蓋不惟知母道而且知君道矣以是爲訓宋之一代所以外無呂王武韋之禍而內有高曹向孟之賢皆后之壼範有以啟之於前也然則史稱昭憲垂裕之功其可少哉

按宋當五季雲擾之後數十年間八易其姓開闢以來未有如此之促遽者幸而身致太平能不懍慄畏懼尚敢晏然而不加警乎然徒知可樂則憂且不暇恃爲可賀則弔之不遑苟知難而不侈尊貴將必持盈以虛履高以卑賢才盈廷嘉謨畢獻子孫黎民實嘉賴之矣藝祖固屬英主創制自異前規然亦賴母氏一言提撕警覺於以垂裕後

昆享世永久固其宜也考朱全忠破朱玫時張后亦嘗爲此語而成敗異效者何也杜后言出於誠彼則恐納其姒故託爲正言拒之非由衷故耳

太宗不豫宣政使王繼恩畏太子英明陰謀立故太子楚王元佐宰相呂端問疾禁中見太子不在旁疑有變乃以笏書大漸字令親密吏趣太子入侍及帝崩皇后令繼恩召端議所立端卽給繼恩入書閣閉之而使人防守亟趨入宮后問曰立嗣以長順也將如何端曰先帝立太子正爲今日豈可違命有異議后默然乃奉太子至福寧殿旣卽位垂簾引見羣臣端平立殿下不拜請捲簾升殿審視然後降階率羣臣拜

錄曰自金匱背盟之後甫傳眞宗卽有繼恩之變賴呂端而免再傳仁宗復有允恭之謀賴王曾而免其變者國家危疑之運也其免者立國忠厚之報也是時宋德方隆君子道長故大臣得以行其志而小人無所容其私苟爲不然繼恩豈不能排闥而出而肯甘心就鎖乎若乃平立不拜誠非獲已旣不能如周書顧命則不免於捲簾審視矣

初王安石當國變亂舊章光獻太后乘間語神宗謂祖宗法度不宜輕改吾聞民間甚苦青苗助役宜罷之及哲宗立宣仁高太后臨朝聽政於是散遣修京役夫減皇城覘卒止禁庭工技罷導洛司出近侍尤無狀者十三人戒中外無苛斂寬民間保

戸馬罷造軍器工匠罷成都府利路買馬罷京東西淛州物貨場罷市易抵當汴河堤岸司地課放市易常平免役息錢罷錢糧提舉保甲官罷方田罷鄜延團將罷增置鑄錢十四監事由中旨王珪等皆弗預知

錄曰愚覩光獻宣仁之際其婦姑之間可謂善繼善述者也夫光獻有欲爲之志而未爲至宣仁而成就之光獻有已爲之事而可法至宣仁而遵守之設使紹熙崇寧之君皆能若是何害於紹述乎惜乎名則是而實則非也苟有人心將何顏見二后於地下哉

高太后崩哲宗改元紹聖楊畏上言神宗更法以垂萬世乞早

講求以成紹述之道帝詢以故臣孰可召用畏卽疏章惇呂惠卿鄧溫伯李淸臣帝深納之以惇爲尚書左僕射專以紹述爲國是遂引其黨蔡卞林希黃履來之邵張商英等居要地任言責協謀朋比報復怨讎

錄曰王安石之流禍憯矣論者徒知歸罪於變法之端而不知更猛於紹述之政夫紹述美政也文武周公豈惟八百年之福祚抑且千萬世之顯稱然謂之善繼善述則是一字之間而有無窮之深意不可不察也夫仁者之祚垂於無窮而戾者之氣未必隨泯設使仁考有後而神宗嗣孤五國城之禍未必然也今以一宣仁救之而不足一章惇壞之而有餘

則以哲宗爲之子也崔鶠陳瓘千言而不入鄧洵武一言而快意則又以徽宗爲之子也嗚呼周家傳位季歷以及昌而天命永固神宗傳位哲宗以至佶而國事日非豈非繼志述事之相同而創業垂統之不善與

按祖宗良法當其創制時幾經熟思審處雖傳萬世可以無弊故子孫遵而奉之非至大壞則不更張如云琴瑟不調則起而更張之是改絃而更其不調正所以仍其調之之舊非行之數世未見有弊而遽出吾意以盡毁之者也神宗承四世久安之業朝野無虞家給人足法制修明臣民永賴乃安石忽創新法擾之於前及高后垂簾正人用

事既已復厥舊觀出民湯火而蔡卞章惇輩又從而决裂之是神宗時當紹述而忽變法司馬光呂公著時事實爲紹述而不借以爲名反使卞惇掌之以害君子名實倒置如此是以立政必務寬大而行政全在得人苟得其人則補偏救弊湯火之餘亦恃之以安全史彌之於鉤黨鮮于侁之於青苗是也不得其人則强辭奪理正大之論反假之以釀害朱异以息民反侯景牛僧孺以守信棄維州是也不知用人而徒變法以矯之甚至朝改夕更細碎繁瑣因緣長姦究何益於治道哉

竇禹鈞五子儀儼侃偁僖皆相繼登科號爲五龍宋建隆元年

太祖謂宰相曰深嚴之地當以宿儒處之竇儀淸介重厚非斯人不可卽日拜爲學士欲相之趙普忌其剛直及卒帝閔然曰天何奪之速蓋惜其未大用也儼尤才俊善步星曆任諫官嘗曰丁卯歲五星聚奎自此天下太平卒如其言太祖謂侍臣曰近朝卿士竇儼質重嚴整有家法閨門敦睦人無閒語諸弟不能及偁亦中人材爾偁有操尚可嘉

錄曰愚觀竇氏之在宋初其反面事讎固有可責其義方訓子則有可稱雖然有五星聚奎而後一代之人物可齊無五代亂離而後五子之出處可必人情世道大抵而然君子未可以厚非之也

按禹鈞年三十無子後舉五子及身皆見其貴顯此積善之報也夫所謂積者日積月累不圖名不冀效不爲外餙不爲浮慕晨夕孳孳若求嗜欲中心切切如廹饑寒小善不遺見義必勇積少成多絶無滲漏逮積之既久誠意感孚子若孫習見習聞淪膚浹髓於此而加以義方之訓無不踴躍奮厲爭自濯磨在家則順親敬長在國則尊主庇民爵祿榮貴乃其自然之應所謂修天爵而人爵從之不假世俗果報之說而其理斷不爽也且慶而曰餘此非特一身一世已也禹鈞之積善既誠即使得儀儼輩一二人已足稱昌後之報乃至五子八孫之皆賢則視所積而有

餘矣世之爲善而或作或輟或有所爲而爲之是其爲善之心不勝其望報之心雖日以義方訓其子孫安望其能成遠大之器哉

陳省華與妻馮氏性嚴毅治家有法子堯叟堯佐堯咨居常孝謹不敢以貴自處景德中堯叟掌樞機堯佐直史館堯咨知制誥與省華同在北省比客至兄弟常立侍父側客不自安多引去堯叟偉姿貌強力多智數久典機密軍馬之籍悉能周記堯佐少好學父授諸子經其兄未卒業堯佐竊聽已成誦及貴讀書不輟初從种放于終南山陳摶謂省華曰君三子皆當將相惟中子貴且壽一如摶言及卒自誌其墓曰壽八十二不爲夭

官一品不爲賤使相納祿不爲辱三者粗可歸於父母棲神之域矣堯咨以氣節自任君子謂省華聲聞由諸子而益著有宋以來言家法者不能及云

錄曰愚觀陳氏一時不惟可稱而中子貴壽尤有可驗雖然以自驗而黽勉則可以自負而夸毗則不可蓋貴與壽是人之所欲也亦有不可必者如顏子短命曾參寡祿冉閔無階而萬世之下莫不尊之以其德耳以是歸息於棲神之域庶幾無忝於夙興夜寐之心矣

按貴壽二者皆人生大欲而尤願乎有子子而能賢則身雖處布衣亦藉揚顯以流名而先事承志泮渙優游荏苒

可至百年矣若無令子則卽貴極人臣而顧影縻前繼承莫必縱享期頤亦有何樂然人於貴壽似可必而不可必於賢子孫不可必而實可必也何也納於軌物慎於型模端躬行而使可則擇師友而與同居自少至壯不聞傲僻之言由內及外無一偏頗之士所履咸正所行皆端又何自而至於不肖哉君子謂省華聲聞由諸子益著吾謂諸子之貴悉本省華之嚴毅所得不爲倖致云

呂公著二子希哲希純少好學德器成就絶意進取不事科舉業王安石將寘其子雱於講官以希哲有賢名欲先之辭曰辱公相知久萬一從仕將不免異同則疇昔相與之意盡矣安石

乃止及申公作相弟公綽公弼已官省寺希哲獨滯筦庫中公嘆曰當世善士吾收拾略盡爾獨以吾故置不試命也其母聞之笑曰是亦未知其子矣范祖禹其妹壻也言於哲宗曰希哲經術操行宜備講讀乃除崇政殿說書其勸導一以修身爲本與希純世濟其美樂易簡儉中年名益重遠近皆師尊之

錄曰史稱呂申公知子之賢而不能薦有愧於從祖愚特以爲無忝於正獻何也文穆之時大道爲公不當以遠嫌爲辭申公之時大道既隱人嘗以亦黨自懼以是爲防他日林希尚言呂大防由公著援引故進希哲以酬私恩而公著之惡則希哲導成之嗚呼孟子不云仰不愧於天俯不怍於人希

哲有之回視雱與熺輩眞腐鼠之不若爾

洪皓三子長适幼敏悟日誦三千言父使朔方年甫十三能任家事以皓出使恩補修職郎紹興十二年與弟遵同中博學宏詞科高宗嘆曰父在遠方子能自立天之報也宜加升擢除适勅令所删定官遵秘書正字後三子邁亦中是選由是三洪文名滿天下及皓歸忤秦檜諸子皆外補皓謫英州适往來嶺南省侍者九載檜死适自兩制一月入政府遵爲資政殿學士邁爲端明殿學士其立朝議論最多

錄曰洪忠宣豈比於蘇長孺哉武之時中原全盛匈奴恃其桀驁而已皓之時朔風正厲必死無生若非天之所佑又安

能有其家乎特以檜之毒逾於鴞獍皓能生還於異域獨不能得侍於同朝帝能加擢於一時顧不能保全於異日惟天意所在卒之有子以顯其世有文以華其國雖未嘗秉政於生前亦躋相位於身後史臣以爲忠義之報詎不信哉

胡安國三子寅宏寧安國强學力行以聖人爲標的志在康濟雖數以罪去其愛君憂國之心遠而彌篤每有君命卽置家事不問自王安石廢春秋不列學官安國謂先聖手所筆削之書乃使人主不得聞講說學士不得相傳習亂倫滅理殆由乎此故潛心是書二十餘年以爲天下事物無不備於此每嘆曰此傳心要典也寅號致堂本文定猶子少桀黠難制父閉之空閣

上有雜木寅盡刻爲人形安國曰當有以移其心别置書數千卷其上年餘寅悉成誦不遺一卷志節豪邁新州謫命下即日就道宏號五峰傳其父之學優游衡山下餘二十年玩心神明不舍晝夜張栻師事之安國之傳春秋也寧修纂檢討盡出其手著春秋通旨以羽翼其書云

錄曰人稱康侯如大冬嚴霜其子豈歲寒能凋者乎所上之章凛凛如出一轍蓋由其家學一以春秋爲準的也父職總裁子備檢討家庭之間宛然史局若温公與康侯者蓋不多見雖不仕猶仕也至於父子並列儒宗豈不美哉

按胡氏一門皆以忤和議而遭廢斥者也寅安置新州著

讀史管見數千萬言宏官承務郎不調著皇王大紀八十卷寧出知澧州不赴著春秋通旨以成父志張栻謂其論國是則在乎務實效去虛文論君德則在乎察天理屏邪佞有以伸陳東馬伸之正氣洵為不愧名教但安國傳春秋凡事之近於復仇者即無明據而一篇之中三致意焉及其在朝輕聽游酢之言以秦檜似荀文若賢於張浚諸人力薦用事爰定和議何其與作傳大吉相刺謬也則其三子之傑出所謂卓識不惑者非與

蔡元定二子淵沈皆躬耕不仕初元定謫道州當楚粤窮僻處父子相對惟以理義自相怡悅沈年三十屏去舉子業一以聖

賢爲師自洪範之數學者久失其傳元定獨心得之然未及論著常曰成吾書者沈也沈受父師之說沉潛反覆者數十年然後成書謂體天地之撰者易之象紀天地之撰者範之數數始於一奇象成於二偶奇者數之所以行偶者象之所以立故二而四四而八八者八卦之象也一而三三而九九者九疇之數也由是重之八而六十四六十四而四千九十六而象備矣九而八十一八十一而六千五百六十一而數周矣易更四聖而象已著範錫神禹而數不傳先君子曰洛書者數之原也余讀洪範而有感焉上稽天文下察地理中參人物古今之變窮義理之精微究興亡之徵兆彝倫所敘秩然有天地萬物各得其所之

妙故西山眞氏以爲與三聖之易同功者是也
錄曰愚觀數公之子惟九峰之傳獨得其宗其所著洪範皇
極綦謂天地之所以肇人物之所以生萬物之所以得失者
皆數也數之體著於形數之用妙乎理非窮神知化獨立物
表者曷足以與此哉其作書集傳也曰二帝三王之治本於
道二帝三王之道本於心禮樂教化心之發也典章文物心
之著也家齊國治天下平心之推也心之德其盛矣乎聖人
之心見於書猶化工之妙著於物非精深不能識也其所以
卓冠羣倫而從祀夫子廟庭不亦宜乎
按著書有作有述然象賢之子纂承父業者多如龍門扶

風史書而外劉向子歆之七畧范泰子曄之後漢書姚察子思廉之陳隋二史陸佃子宰之埤雅踵成刋布不可勝紀若夫再世遺緒大父曾高所有著作賴以表章發明流傳奕禩則有朱蔡汝揆貫道集上承七世祖用之之傳金履祥通鑑前編遠紹曾祖景文之業唯此二賢餘不槩見豈世遞時移手澤散佚蒐討爲難或殘闕失倫不可綴緝邪夫前人著書嘔心瀝膂當年志力所萃即身殁之後精神靈爽若或憑之子孫苟有志紹述寤寐訪求一氣所通亦必有以慰其積誠得之望外若或使之者蓋可傳可久之文縱歷水火焚漂而終有不能泯没之理珠還璧合不

期而然是在賢子孫立志何如耳

李舜臣博學力行多所著述父子各秉史才官宗正寺簿重修裕陵玉牒當曾布呂惠卿初用事必謹書之或謂非執政除免格不應書舜臣曰治忽所關可拘常法他所筆削多類此長子心傳爲修撰專修高孝光寧四朝實錄端平三年上書言致旱之由曰和糴增多而民怨籍貲不以罪而民怨凡此皆起於大兵之後而勢未有以消之故愈積而愈極也次子道傳研精河洛之學於經史未有論著曰學未至不敢於詩文未嘗苟作曰學未至不服三子性傳當進對有崇尚道學未遇其實之言帝曰實者何曰在格物致知爲出治之本又言東周以後諸侯卿

大夫皆以旣葬除服秦漢之際尤爲淺促孝文定爲三十六日之制則視孝惠以前已有加矣東漢以後又損之爲二十七日謂之以日易月則薄之至也

錄曰愚觀李氏一門三子雖出處各異而造詣畧同宋史列於儒林可無愧也乃分爲四處心傳道傳總歸一卷可也乃殊於二門可見當時史館十羊九牧前後不倫欲無繁冗其可得哉至元定之子沈從祀廟庭不爲列傳孫抗反爲之是存者祇爲其叅政官爵而已然則弘簡錄之作亦曰余豈好辯哉余不得已也

按史書垂範百世義存法戒故用人行政一言一動凡有

關繫治忽之幾雖微必錄且各詳其所始蓋見大必於其小知顯必於其隱也若止敘尊卑爲詳畧則無異日曆簡通之義謂何矣故作史三長尤貴乎識識長則别擇精當良史無過然才學元不可少道傳謂已學未至故於經史詩文不敢不暇其心如此正其學之專且摯也有不作則已作則必可壽世其曰父子各秉史才豈不信哉

唐璘拜監察御史臺史且至惶駭趨避其母曰人言此官好汝何憂乎璘曰此官須爲朝廷爭是非一拂上意或忤權貴恐重爲大人憂母曰弟盡言吾有而兄在璘拜謝就職首疏天變而至於怒民怨而幾於離瑣瑣姻婭敢預邪謀視國事如俳優以

神器爲奇貨都人側目朝士痛心盍正無將之誅以著不忠之罪葢指賈似道也再疏鄭淸之妄庸誤國其子士昌招權納賄扳庸將爲統帥起贓吏爲守臣璘立臺僅百日世謂唐子方再見皆母指教之也

錄曰監察之職大小內外唯所欲言無有畛域其體與宰相等此官所以爲好也狥私報復由人指使固屬不類若懼罪避禍舍大事而姑舉其細以塞盈廷之望免辱臺之罰違心降志隨衆浮沈官雖好又何賴焉故居斯職者當抉其本原先其至急言人所不敢言方爲稱職然權邪一忤福少禍多此好官之適以增憂爾子能不以官爲重而以憂母爲心母

更不以孝爲責而以盡言爲訓是母是子各得其道矣

按仁宗朝張貴妃寵冠後宫其伯父堯佐驟除宣徽節度景靈羣牧四使御史唐介力爭乃罷二使且詔外戚毋得任二府逾年復以堯佐爲宣徽使介再爭之帝曰除擬本出中書時文潞公爲首相遂劾彦博知益州日造間金奇錦通宫掖以得執政今顯用堯佐益自固結帝大怒貶介英州别駕而命中使護行待制李師中以詩送之曰孤忠自許衆不與獨立敢言人所難去國一身輕似葉高名千載重於山並遊英俊顔何厚未死姦諛骨已寒天爲吾皇扶社稷肯教夫子不生還由是中外稱眞御史必曰唐子

方及渡淮遇大風舟幾覆介吟詩云聖宋非狂楚清波異汨羅平生仗忠信今日任風波後師中經略秦鳳以忤安石貶介入歷參政又屢與安石爭辯不勝其憤疽發背卒是時諫院唐坰亦条奏安石當殿宣讀不法事六十餘條閤門糾其瀆儀出爲潮州别駕然則宋時言官直聲顯著者蓋有三唐比於新莽時兩唐大相逕庭矣

弘道錄卷之七終

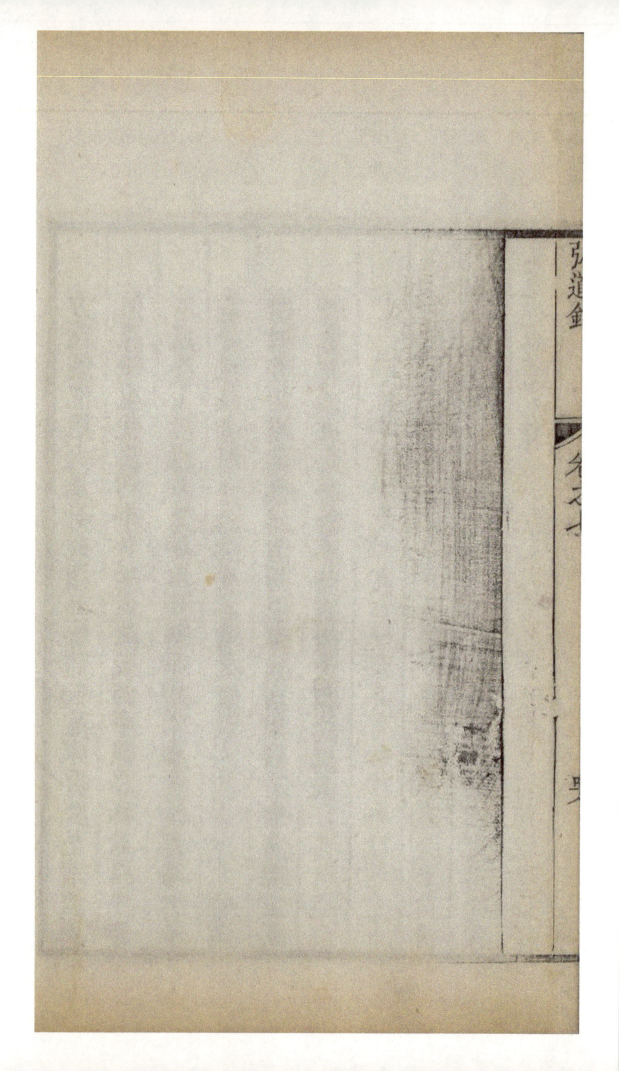

弘道錄卷之八

明刑部員外郎仁和邵經邦弘齋學
皇清詹事府少詹事四世孫遠平補纂

夫婦之義

孟子萬章問曰舜不告而娶何也孟子曰告則不得娶男女居室人之大倫也如告則廢人之大倫以懟父母是以不告也萬章曰帝之妻舜而不告何也曰帝亦知告焉則不得妻也

錄曰魯莊公即位二十有二年年三十六而始聘于齊豈非告則不得娶乎苟有明王在上誅文姜之不慈正莊公之不孝則既免於任之割肇之鞭亦不至如般之弱閔之幼而子

牙慶父之難可無作矣奈何桓方飾覇血盟未載不思無後之爲大顧憧憧於違難之間其視妻而不告者又何如哉必合而觀然後知二聖不告之爲義而孟子行權之爲大矣

禮記夫昏禮萬世之始也娶於異姓所以附遠厚别也幣必誠辭無不腆告之以直信信事人也信婦德也一與之齊終身不改故夫死不嫁

錄曰大聖權也大禮經也未合禮而正經猶未能立而言權於是有娶同姓而謂吳孟子者有悖直信而涕出女吳者有忽於辭腆而鼠牙是競者有背於偕老而鶉鵲不若者皆萬世罪人也

詩周南采采卷耳不盈頃筐嗟我懷人寘彼周行陟彼崔嵬我馬虺隤我姑酌彼金罍維以不永懷陟彼高岡我馬玄黃我姑酌彼兕觥維以不永傷陟彼砠矣我馬瘏矣我僕痡矣云何吁矣

錄曰或以此爲羑里拘幽之日而作其知道者乎夫以紂之政誠酷烈矣然臣罪當誅之心文王未之改也后妃內切憂懼之意外共服事之德不寘彼於周行乎其托言於酒非眞解憂也豈其崇侯之譖方盛而閎夭之謀未行與卒之無可奈何而付之浩歎則后妃者獨不可謂之至德耶

按卷耳一詩毛傳謂思賢人所作賢人不當使行役因想

使臣於路酌酒自勞而愛君憂國之義殷然於懷諸我字使臣自謂而后妃想像其然也從來使臣在外未有國母思之而形諸歌詠者若曰閔天行而懷文王則采卷耳乘玄黃酌金罍雖屬假托方之后妃自咏口吻亦覺不倫設謂陟岡酌酒馬病僕痡俱指文王蓋身在幽閨而思文王在道塗當如是又似曲爲之解蓋此詩謂爲國人所作便合詩義必曰后妃自爲之則固窒礙難通矣

召南喓喓草蟲趯趯阜螽未見君子憂心忡忡亦既見止亦既覯止我心則降陟彼南山言采其蕨未見君子憂心惙惙亦既見止亦既覯止我心則說陟彼南山言采其薇未見君子我心

傷悲亦既見止亦既覯止我心則夷

錄曰註以此詩若周南之卷耳者葢紂在上西伯在下諸侯雖有被化之私而實從公家之役其憂固不能自已也矧夫逋逃之藪刑人如不克者乎及此既見而悅則公私之情上下之分兩得之矣此所以爲召南之化也若徒以執手之愛契濶之情其憂其樂所關微矣

衛風雄雉于飛泄泄其羽我之懷矣自詒伊阻雄雉于飛下上其音展矣君子實勞我心瞻彼日月悠悠我思道之云遠曷云能來百爾君子不知德行不忮不求何用不臧

錄曰是詩之義雖在聖門仲由以下而能知之者鮮矣夫爾

我相形而後忮心生焉有無相判而後求心生焉及其至也
子之於親以婦見誅忮莫甚矣婦之於翁以美見納貪莫甚
矣衛之爲國不啻其淪喪也然而猶存康叔之祀者徒以匹
夫匹婦尚知禮義此可見天理民彝均稟一致而先王陳詩
之道夫子删述之功豈小補與

習習谷風以陰以雨黽勉同心不宜有怒采葑采菲無以下體
德音莫違及爾同死行道遲遲中心有違不遠伊邇薄送我畿
誰謂荼苦其甘如薺宴爾新昏如兄如弟涇以渭濁湜湜其沚
宴爾新昏不我屑以毋逝我梁毋發我笱我躬不閲遑恤我後
就其深矣方之舟之就其淺矣泳之游之何有何亡黽勉求之

凡民有喪匍匐救之不我能慉反以我為讎既阻我德賈用不售昔育恐育鞫及爾顛覆既生既育比予于毒我有旨蓄亦以御冬宴爾新昏以我御窮有洸有潰既詒我肄不念昔者伊余來塈

錄曰愚觀棄婦之辭古人以比忠臣孝子其欵誠之委曲措語之從容非眞有是事也何也蓋閨門之中恩常掩義自非負販轉徙之徒孰有輕棄其妻者乎且以七出有條三不去有律庶人無停娶之理亦不容宴樂其新婚也矧於被棄之時遭際拂戾語言不倫既乏心思之工終鮮學問之益谷風婦人何自而能是哉豈以衛之賢者處亂國暗君其曰黽勉

莫違者腹心之誼也曰匍匐恐鞠者手足之情也曰葑菲吉蓄者器使之恩也曰涇濁渭清者反己之德也然而新進者方効用則不得不禮薄如不遠伊邇也不得不刑戮如有洸有潰也若乃君子之心則豈處其薄乎亦惟曰我躬不閱遑恤我後而已是詩也有悠然不廹之風有奮然感動之意有怨而不怒之道有去而復顧之情孰謂一婦人而能是哉凡孤臣孽子讀是不廢詩而嘆者幾希矣

鄭風女曰雞鳴士曰昧旦子興視夜明星有爛將翱將翔弋鳧與鴈弋言加之與子宜之宜言飲酒與子偕老琴瑟在御莫不靜好

錄曰士與女一家之存亡也琴與瑟一人之理亂也一家之存亡繫於雞鳴昧旦夫苟淫蕩放逸則生不殖生不殖家必難矣一人之理亂關乎執手偕老夫苟二三其德則室不宜室不宜愛且離矣此安靜和好其義甚大而有洸有潰家道之所以無成與

按鄭衛之音均屬不正而放宜先乎鄭聲然吾謂鄭聲不淫自有說也二南亦有懷春之女王風非無丘麻之詩何况列國偏於鄭聲獨有雞鳴一詩偕老靜好友善親賢畧無媟狎之態以此為風下之可與縞衣綦巾之侶上之克追琴瑟鍾鼓之遺卽以比美窈窕又何讓焉可見淄風盛

行之際不乏閒靜自好之人習俗可移決非賢者夫子存鄭淫詩而不删正益顯雞鳴之賢可以作型四國詎止幹蠱一邦也哉人貴能樹立曾有文姜哀姜穆姜衛有宣姜遂謂齊多佚女衛醜中冓而不知齊亦有雞鳴衛亦有莊姜共姜何必蓬生麻中始形其直也

知子之來之雜佩以贈之知子之順之雜佩以問之知子之好之雜佩以報之

錄曰夫投我以桃報之以李者報施之常也投我以木瓜報之以瓊瑤者篤厚之至也故曰匪報也永以爲好也然則知子之來而雜佩以問者其於報施又何如哉鄭以淫蕩忘返

若靜女溱洧諸篇所樂者城之隅洧之外耳所贈者彤之管芍之藥耳固不可責其親賢友善而門內之職併已亡之矣此雞錚錚之金靡靡之雅而緇衣之感亦安可誣哉

齊風雞旣鳴矣朝旣盈矣匪雞則鳴蒼蠅之聲東方明矣朝旣昌矣匪東方則明月出之光蟲飛薨薨甘與子同夢會且歸矣無庶予子憎

錄曰愚觀是詩義明詞順葢古者宮壼之中不但閨門淑女即傅母師氏莫不有儆戒之道諷誦之辭焉故其詩曰雞旣鳴矣會朝之人旣已盈矣而君方且爲匪雞則鳴乃蒼蠅之聲乎又曰東方明矣會朝之人旣已昌矣而君方且爲匪東

方則明月出之光至於蟲飛薨薨且以分矣尚未見其起而視朝也則我豈不欲與子同寢而夢哉但羣臣之會於朝者候君不出將散而歸無乃以我之故而併與子爲憎乎此其先後措詞文婉理直故可以爲賢妃之勸

外記周宣王嘗晏起姜后脫簪珥待罪于永巷使其傅母通言於王曰王樂色而忘德失禮而晏起亂之興自婢子始敢請罪王曰寡人不德實自生過非夫人之罪也自是早朝晏罷卒成中興之名

錄曰夫齊姜姓周之世姻也故邑姜姜后皆出於齊而雞鳴之詩亦繫於齊蓋其時不相遠而義實相近豈即姜后之所

陳故時稱賢妃傅母之所誦故别於大雅與不然何庶子子憎方以爲懼而顛倒裳衣顧以爲常與然不可考也

按尚書大傳古者后夫人將侍君前息燭後舉燭至於房中釋朝服襲燕服然後入御於君雞鳴太師奏雞鳴於陛下然後夫人鳴佩玉於房中告去也然後應門擊柝告辟也然後少師奏質明於陛下然後夫人入庭立君出朝審如此必有雞鳴朝盈之請則何有脱簪待罪之舉乎蓋后御君寢何不警於戒旦之際而故遲之晏起之時豈雞鳴之篇即姜后所陳以其齊女列之齊風亦猶王姬列之召南出嫁衛女列之衛風周咏緇衣列之鄭風邪抑衆妾惑

君后特引爲巳咎故曰亂之興自姆子始邪然禮稱太師奏雞鳴則作詩應在周初總之古禮廢而人欲熾閨門綱紀之首王化所基關繫匪淺奈之何此禮不復而紙上陳言徒擬議於儒生口耳間也

春秋莊公元年冬十月王姬歸于齊二年秋七月齊王姬卒

錄曰此王姬也歸于齊則爲夫人矣而曰齊王姬卒何也蓋是時天王之不君甚矣齊侯之淫德極矣文姜之忌憚蔑矣魯莊之掃恥盡矣夫鳥獸不可與同羣匹夫不可以奪志甫于歸而即謝世僅及數月之期豈其屯難邅回而姜氏乘剛肆逼遂奄然長逝邪易曰屯如邅如乘馬班如女子貞不字

王姬有焉然則烏中之鳳玞中之璧不得以齊襄之醜惡累之也夫子表而出之所以存貞行而愧當時勸後世之意切與如但以我主而錄之服而卒之抑末矣說見檀弓

莊公四年三月紀伯姬卒六月乙丑齊侯葬紀伯姬十有二年春王三月紀叔姬歸于酅二十有九年冬十有二月紀叔姬卒三十年八月癸亥葬紀叔姬

錄曰理與勢天下之至敵也而亦至不敵也理之勝萬世而不移勢之勝一時而有間何也葢心主理權主勢一國之權在人匹婦之志在巳故以齊之勢紀可滅而姬之志不可滅君可虜而婦之殯不可虜聖人著之於經以見仗節守義不

以亡故虧婦道而齊襄魯桓之惡不攻自見矣傳以爲齊侯弑魯君滅其昏姻之國而葬其女是猶加刃於人以手撫之也其說非是

左傳魯桓公未昏於齊也齊侯欲以文姜妻鄭太子忽忽辭人問其故忽曰人各有耦齊大非吾耦也詩云自求多福在我而已大國何爲君子曰善自爲謀及其敗戎師也齊侯又請妻之固辭人問其故忽曰無事於齊吾猶不敢今以君命奔齊之急而受室以歸是以師昏也民其謂我何遂辭諸鄭伯

錄曰愚觀鄭忽之事未嘗不嘆世衰道微霸者未作君不能保其臣而執刼於鄰國父不能保其子而倚仗於强援也夫

五覇之命無易樹子則何待於已親無以妾爲妻則何必於更室若俱以辭昏而失國是又不待貴易交富易妻矣奈之何紛紛以爲病也蓋忽處鄭莊之世其克弟寘母蔑倫甚矣縱能自强於善猶懼其亡况甘於交質狃於師勝徒以昏齊爲輕重哉或曰忽嘗先配後祖而今乃能辭昏何也蓋忽沾沾自喜之人也朱子譏其柔懦疎闊是已夫沾沾自喜者未必遹無所見惟其怠惰而不能操慮迂遠而不近事情是以甘爲人下不辭爾詩人譏之曰狂童之狂也且豈其過與

按鄭昭辭昏實兼三善一不取非偶二不矜已功三不假强大私樹黨援此正豪傑倜儻所爲而傳春秋者咎其執

小節昧大利失强國之助以致不能自立故風詩中同車刺之狡童目之扶蘇與籜兮嘲譏之抑何舍大節而急小利乎夫風人美刺本屬餘情而春秋以大義繩人斷無教人扳援以自固者况忽雖辭昏齊仍德忽忽奔衛則齊與鄭讐忽歸鄭則齊師絕不及至桓十八年高渠彌弒忽而立子亹然後帥師伐鄭殺子亹轘裂渠彌爲忽討賊則生旣衛之死復報之齊之援忽亦至矣忽之失國在內變非强大可如何者倘必以辭昏罪忽則忽所辭者文姜也彭生車上脅桓實爲代死之人忽豈漫不自謀者哉

列女傳衛宣夫人者齊侯之女也嫁於衛至城門而衛君死保

母曰可以還矣女不聽遂入持三年之喪喪服畢其弟立請曰衛小國也不容二庖請願同庖夫人不許衛君使人愬於齊兄弟皆欲與君使人告女女終不聽

錄曰考諸禮曾子問有親迎女在途而父母死之文無至城門而君死之文君子謂未成婦疑無服也而持三年之喪不已過乎若乃未成婦之女而請願同庖豈禮也哉君之弟禽獸之行也齊之俗淫靡之風也宜乎女之終不聽也

按春秋書法女在途稱女廟見稱婦而禮有女未廟見而死不還不祔壻不杖不菲不次歸葬於女氏之黨示未成婦也今有未嫁而甘心守節甚至死殉者言乎妻道則未

迎婦道則未廟子道則未醮此禮之過中不足爲訓若齊女旣至城門則已離父母之家雖無所傅麗未得言婦而揆之於義無可復反入而持喪固權而得中者獨是衛宣即新臺所咏籧篨戚施宣姜未老何以又娶子朔繼立何以云弟齊女當是宣姜姪娣何以大非鶉鵲之比而不顧同庖邪衛無兩宣公想著書者懲宣姜而寓言耳

魯寡陶嬰者魯門之女也少寡養幼孤無強昆弟紡績爲產魯人聞其義將求焉嬰聞之恐不免乃作歌曰悲夫黃鵠之早寡兮七年不雙宛頸獨宿兮不與衆同夜半悲鳴兮想其故雄天命早寡兮獨宿何傷寡婦念此兮泣下數行嗚呼哀哉兮死者

不可忘飛鳥尚然兮況於貞良雖有賢雄兮終不重行魯人聞之遂不敢復求

錄曰愚觀黃鵠之歌其旨切其情哀有風人之義而無怨怒之辭是眞能秉禮之俗雖使異類聞之寧不爲之感動而況於人乎此嫠婦之中正守義之範圍而割鼻斷臂截髮封耳均有所不得其正矣

樊姬楚莊王夫人也王好獵姬諫不止乃不食禽獸之肉王改過勤於政事嘗聽朝罷宴姬曰得無饑倦乎王曰與賢者語不知饑也姬問王之所謂賢者何也曰虞丘子也姬掩口笑曰妾執巾櫛十餘年遣人求美人進於王今賢於妾者二人同列者

七人妾豈不欲擅王之寵哉不能以私蔽公欲王多知人也今虞丘子相楚十餘年所薦非子弟則族昆未聞進賢退不肖是蔽君而羞賢路妾之所笑不亦可乎明日以告虞丘子於是避舍使人迎孫叔敖爲令尹治楚三年而莊王以霸

錄曰姬之不食禽獸肉可謂以身諫矣而藉以進賢則吾不知也夫叔敖之賢固非虞丘子所知而樊姬之名則知者多矣豈因諫獵之事而遂以傅會哉然不可考矣

高行者梁之寡婦也爲人榮於色而美於行夫死不嫁梁王聞之使相聘焉曰妾聞婦人之義一往而不改以全貞也若忘死而趨生慕貴而羞賤棄義而從利無以爲人乃持刀自割其鼻

曰妾已刑矣所以不死者不忍幼弱之重孤也相以報王王大其義爲復其身尊其號曰高行

錄曰古禮諸侯一娶九女二國媵之凡君無再娶之義恐其棄德嗜色故一娶而止尚可近失節之婦哉梁王驕恣不道固不足責而梁女書之於册觀者不責漢制相之無術而徒美婦之高行嗚呼婦行何高則王行何卑乎

按諸侯一娶九女諸侯不再娶皆公羊氏所云而白虎通王度記亦曰天子諸侯不再娶然考春秋時魯伯姬歸宋衛晉既皆來媵而齊雖異姓亦致媵女合之本國姪娣是十二女不定限以九女也史本紀云周襄王母早卒其後

母曰惠后生叔帶有寵於惠王夫後母非再娶乎襄王稱惠后爲先后明是正嫡是天子未嘗不再娶也魯惠公元妃孟子卒再娶宋仲子爲夫人生桓公爲嫡子魯莊公見黨氏女孟任美許爲夫人乃從之生子般後再娶哀姜其娣叔姜生閔公而閔不先般立以般嫡故晉少姜卒齊請繼室晉之答辭有云寡君不能獨任社稷之事若惠顧敝邑賜之內主則明是再娶爲夫人之語是諸侯亦未嘗不再娶也故公羊王度而外三禮及他書並無不再娶之文而考之當時又歷歷實有再娶之事是以善讀古者不爲古人所愚必當參互考訂以得其眞爾

漢書班婕妤者左曹越騎班況之女也賢才通辯成帝遊後宮嘗欲與同輦辭曰觀古圖畫賢聖之君皆有名臣在側三代之末主乃有女嬖今欲同輦得無似之乎上善其言而止太后聞之喜曰古有樊姬今有婕妤其後趙飛燕有寵驕妒譖云挾邪詛祝上考問婕妤曰妾聞死生有命富貴在天修正尚未蒙福爲邪欲以何望且使鬼神有知不受不臣之訴如其無知訴之何益上憫之婕妤恐久見危求供養皇太后于長信宮上許焉帝崩充奉園陵薨因葬園中

錄曰愚觀婕妤之執義而嘆孟堅之寡識也夫妒寵怙勢婦人之常也明哲保身君子之獨也姦禍之與倖權譬如烈火

故詩云燎之方揚又云誰能執熱不可止遏矧可親炙乎是故寧幽清靚窈托長信之末流無薦耳塗目傚永巷之罪首使固稍知此義枕經藉書紆體衡門上無所蔕下無所根登非達者高致哉顧乃貪會合之計運朝夕之策戀身權勢之門濡足危險之途此賓戲所陳之辭與班姬團扇之咏不可同日語矣以固之博通古今爲世良史人物之臧否出處之大節籌之何許而顧一女子之不若能不爲之深惜哉

按婕妤女孌一言蓋蚤窺成帝之隱矣夫心乎色者其中必無厭足惑新棄故勢所必至故辭以同輦實冀以好賢之心易之也然卒不免趙氏之譖帝之不諒甚矣亦烏能

繹此巽言邪即其辯誣數語不亢不卑正大中有和平氣

自非淑德恐難得之立談矢口之間比之樊姬其能有此

簡而婉者哉

平帝王皇后者莽之女也婉淑有節行平帝即位莽秉政以女配帝歲餘帝崩及莽篡后年十八常稱疾不朝莽敬憚哀傷意欲嫁之令立國將軍成新公孫建世子豫飾將醫往問疾后大怒鞭笞旁侍御因發病不肯起及漢兵誅莽燔燒未央宮后曰何面目見漢家自投火中死

錄曰平后之拒父豈比於元后之責莽乎夫令妻壽母古今稱頌豈知亦有不然者如漢之元后壽踰八十歷元成哀平

四世爲天下母饗國六十餘載羣弟世權更持國柄𨤲醳保
護以成其亂及至篡國滅劉代漢而後稱漢家老寡婦握璽
以拒之噫抑晩矣固不若年少執節之爲愈也
光武中元元年使司空告祠高廟曰高帝爲羣臣約非劉氏不
王呂太后賊害趙王專主呂氏賴社稷之靈祿産伏誅天命幾
墜危朝更安呂太后不宜配食高廟同祧至尊薄太后母德慈
仁孝文帝賢明臨國子孫賴福延祚至今其上薄太后尊號曰
高皇后配食地祇遷呂太后廟主于園四時上祭
錄曰愚覩呂薄之際而感理之吉凶消長繫於時之進退存
亡未嘗有毫忽之差也葢后與帝俱起側微方其間關百戰

求帝於藪澤之中彼一時也及帝擁戚姬親如意據臲卼之勢此亦一時也至於偃然稱制南面以臨天下此又一時也極其至也迺有人彘之慘焉有鴆鴆之毒焉有滅宗之禍焉有易姓之謀焉槩以春秋之義所謂自絕於天者也當時漢廷大臣未能堅守嘑血之盟刻責以春秋之義哉此義不明是以雖不傳之呂而究篡之新宜乎帝之進薄而退呂也

王霸少厲高節其妻亦美志行值王莽篡棄絕交宦建武中徵至京不屈初與同郡令狐子伯為友後子伯至楚相子為郡功曹令奉書於霸霸有子方耕於野聞賓至釋耒歸見令狐子沮怍不能仰視父目之有愧容客去久臥不起妻怪而問故霸曰

吾與子伯素不相若向見其子容服甚光舉措有適而我兒蓬髮歷齒未知禮則父子恩深不覺自失耳妻曰君修清節不顧榮祿今子伯之貴孰與君之高奈何忘宿志而慚兒女子乎霸崛起曰有是哉遂共隱遁終身

錄曰觀人何以不於所勉而於所忽乎蓋貧賤之交人所難忘而彼此相形間亦難釋於此而小芥焉糟糠之義微矣甚矣霸妻之高識也無我無人無物情而況於世態乎必若而人自蘄下堂初不在山之深林之密也

按清節之與榮祿分背而馳愈騖愈遠不特所得榮祿畧有一毫非義爲清節累卽以義而得榮祿亦不可與清節

齒況天下眞無一毫非義而得榮祿者有幾乃世有夙昔以清節自重而世亦以清節重其爲人者往往動於兒女子之情不能自制乃致喪其所守倘霸不有妻言或亦不能終隱守道之難可知矣雖然霸之致愧有由也夫古者士出於農負耒橫經本非二事子雖野處何不敎之以禮致令見客沮怍乎使其子而動嫻禮法自然睟面盎背麤服亂頭皆好正不以錦繡修飾爲容光也

鮑宣妻桓氏字少君宣嘗就少君父學父奇其清苦妻以女裝送資賄甚盛宣不悅曰少君生富驕習美飾而吾實貧賤不敢當禮妻曰大人以先生修德守約故使賤妾侍執巾櫛既奉承

君子惟命是從宣曰能如是是吾志也妻乃釋歸侍御併服飾更着短布裳與宣共挽鹿車歸鄉里拜姑禮畢提甕出汲修行婦道鄉邦稱之

錄曰柔曼之傾意非獨損志蓋亦有增過者焉相如才美琴心是挑馬融儒者絳帳爲樂吾見其貧賤而移富貴而淫也又安能威武不屈乎故必有少君之行而後有子都之節

安定皇甫規妻者善屬文能書規卒年盛而色美董卓聞其名聘以輧輜百乘馬二十疋奴婢錢帛充路妻乃輕服詣卓門跪自陳請辭甚酸愴卓使傳奴侍者悉拔刀脅之妻乃立罵卓曰君毒害天下猶未足邪妾之先人清德奕世皇甫氏文武上才

爲漢忠臣君親非其趣使走吏乎敢欲行非禮於爾君夫人邪卓大怒乃引車庭中以其頭懸軛上鞭馳四交遂死車下後人圖其像號曰禮宗

錄曰規之與妻何如蔡琰之與邕乎規之耻不與黨妻之奮不失身媲美同義可無愧矣而邕顧懷董卓之恩終被收戮琰亦於曹操之坐吓首酸哀此其一全與否一生與死豈可同類並觀也哉

獻穆曹皇后操之中女也建安十九年進爲夫人伏后弑立爲皇后魏受禪遣使求璽綬后怒不與如此者數輩后乃呼使者入親數讓之以璽綬抵軒下因涕泣曰天不祚爾比虆合蕐禪

陵車服禮儀皆依漢制

錄曰春秋之時雍姬謂其母曰父與夫孰親母曰人盡夫也父一而已胡可比也然則父之所爲如莽與操者尚可重父而輕夫邪觀乎獻二后之事則雍姬殺夫之罪忝母給女之愆皆不可逭矣雖然姬母之荅寃亦爲夫也其女不言則殺父言則殺夫計惟有一死謝之爾

按操殺大臣弒皇后極其兇惡而有此女人性之善豈得囿於種類哉丕嗣王位禪授之際彼此推遜文辭粲然雖非出於至誠然猶能知自好至奉山陽以作賓終其身而不殺方之師昭劉裕道成輩猶爲彼善於此簒賊中之有

道者矣後世謂篡竊而假禪讓偏於曹丕則燕子之先之固不得以此病丕也

晉書愍懷太子妃王氏字惠風太尉衍之女貞婉有志節初太子被命居金墉城衍表請離昏惠風號哭而歸及劉曜陷洛陽掠之以賜其將喬屬渡孟津於河中欲妻之惠風拔劍拒屬曰我晉帝室之婦王司徒之女而敢干我乎言畢郎投河中其侍妾名六出亦自奮曰大既有之小亦宜然復投河中

錄曰愚觀晉之流俗懵昧顛惑動以虛名相尚而不顧瑕釁如二女者乃玦中之璧壺中之氷衍曾不倫方且營營三窟之討急急離昏之謀不有貞行其胡自別而卒以玉全有如

此水較之排墻塡㲹眞同瓦石安在其衆中珠玉邪清談之禍上不能庇國中不能保身下不能有其子女嗚呼慘矣此萬世所當戒也

唐書太宗一日罷朝退居宮中盛怒曰會須殺此田舍翁時長孫后在側問爲誰上曰魏徵言不遜每廷辱我后乃退具朝服而立於庭上驚問故后曰妾聞主明臣直今魏徵直由陛下之明故也妾敢不賀上悅

錄曰帝之怒非徵之辱也廼心之不純也后之賀非心之格也廼名之可喜也使誠知純心爲要則必不以是喜知直言爲美亦必不以是怒異時明母之不后則徵有以報文德之

遇而玉子之失婚則后無以解田舍之憾矣

按汲黯戇直過於魏徵唐宗詞令工於漢武然武不過甚黯之戇而太宗不能容徵至以欲殺形諸言語何相去之懸也蓋二君雖皆内多欲外施仁義之主然漢去古未遠猶存質樸武天資實高言無僞飾而黯行誼又足當社稷臣之目帝信之最篤是以始終敬憚雖疎遠從無大猜忌也徵事二主其品固有可議而太宗胸中原未純乎天理故雖自云臨朝欲發一言未嘗不三思而親信如徵時加誚讓迨其身後遂有停婚仆碑之舉此欲殺徵實由中之言也其詔旨行事多所曲折並由好名之心飾之后之朝

服稱賀亦以名歆動遂不覺喜躍而泯其迹究於不能自禁之際難免肝膈畢露矣

徐惠妃以上東征高麗西討龜茲翠微玉華營繕相繼又服玩華靡上疏諫曰以有盡之農功塡無窮之巨浪圖未獲之他衆喪已成之我軍昔秦皇并吞六國反速危亡之基晉武奄有三方飜成覆敗之業豈非矜功恃大棄德輕邦圖利忘危肆情從欲之所致乎珍玩技巧乃喪國之斧斤珠玉錦繡實迷心之鴆毒作法於儉猶恐其奢作法於奢何以制後上善其言

錄曰太宗之世一賢妃而顯名何也蓋唐之興者反隋之舊也致治之美者從諫之功也故內外不以爲諱親疏不以爲

潰否則骨鯁綱紀之臣變爲脂韋唯諾之行何況閨門之弱女而敢作此盡言哉

高宗召長孫無忌李勣褚遂良入内殿顧謂曰皇后無子武昭儀有子今欲立昭儀爲后何如遂良對曰皇后名家先帝所娶臨崩執陛下手謂臣曰朕佳兒佳婦今以付卿此陛下所聞言猶在耳皇后未聞有過豈可輕廢上不悦而罷明日又言之遂良曰若必欲易后請妙擇天下令族何必武氏顧留三省又曰臣今忤上意罪當死因置笏殿階解巾叩頭流血上大怒命引出昭儀在簾中大言曰何不撲殺此獠無忌曰遂良受先朝顧命有罪不可加刑時李勣數稱疾不入他日入見曰此陛下家

事何必更問外人上意決

錄曰時無忌遂良世勣涇渭猶未分也他日一言而唐之宗廟社稷本宗支庶以至羣臣百官殆乎危矣遂良勇於匡救使萬世之下猶知君臣夫婦之義若勣而先入則佳兒佳婦之言誘於不聞天理人心不幾息乎言雖未能回天而義已如皎日君子不能不悚然敬之也

楊烈婦者李侃妻也建中末李希烈陷汴時侃爲項城令以城小賊銳欲逃去婦曰寇至當守力不足則死之逃將誰守請重賞募死士尚可濟侃乃召吏民得數百人率以登城婦身自爨以饗衆會賊將中矢死遂引去詔遷侃太平令先是萬歲通天

初契丹寇平州鄒保英爲刺史城且陷妻奚率家僮女丁乘城不下詔封誠節夫人黙啜攻飛狐縣令古玄應妻高能固守詔封狥忠縣君史思明之叛衛州女子侯滑州女子唐青州女子王相與歃血赴行營討賊節度許叔冀表其忠皆補果毅雖敢决不忘於國然不如楊烈婦伉慷知君臣大義云

錄曰唐史之志列女皆無倫脊獨此紀述頗有本末且抑揚不苟豈因以愧當世之爲丈夫邪侃亦狥人者爾而能轉禍爲福使二十四郡聞之寧不唾死乎哉蓋不但一烈婦而已女子將揶揄之不置矣

按婦人深處閨幃局於聞見且天性柔懦慳吝者比比然

也今李氏之婦其智識高出侃百倍既能曉存亡大義故不惜重賞募士由其胸中所見並非兒女子之見故其發之於言自無兒女子之言古今巾幗丈夫元少郎誠節諸媛不過明於一時禍福烏能洞達時務如李婦者哉後唐莊宗劉后因荷戈軍士索犒遽出幼女坐金盆中謂將士曰官家止有此耳衆因憤憾而散歷觀秦隋之世皆坐擁山積府庫甘爲敵人之資而汗馬士卒纖毫不肯給與豈真一婦人之不若邪

武宗賢妃王氏性機悟年十三入宮帝爲潁王穆宗以賜王嗣位妃陰爲助畫進號才人有寵狀纖頎頗類帝每畋苑中妃必

從校服光侈畧同至尊相與馳騁觀者莫知孰爲帝也帝稍惑方士言我取不死後寖不豫膚澤消槁妃切憂之帝曰脫不諱汝將奈何泣曰陛下萬歲後妾得以殉帝不復言及大漸才人取所常貯悉散遺宮中審帝已崩即自經幄下當時嬪御中雖常妒才人者至是皆爲感動

錄曰殉葬非古畋獵非制而錄之者以李唐一代世無聞則而躭溺方士尤所當鑒非獨爲才人幸乃以爲刑干惜也

按明器芻靈夏殷時已有之中古易之以偶至用人殉葬則實始於秦初武公死殺人以環其棺之左右死者六十六人至穆公遂用百七十七人三良與焉及始皇之葬後

宮妃嬪悉令從死工匠生閉墓中暴秦眞暴矣哉然當時閒亦有之檀弓陳乾昔死命其子以二婢夾棺中陳子車死其妻與家大夫謀殉以養於地下陳子亢曰殉葬非禮也必不得已則莫若妻與宰請以二子爲之乃止秦宣太后亦嘗以所幸醜夫爲殉觀此則春秋戰國時王政不行其下殺人自恣無所顧忌至此孔子謂芻靈爲善俑爲不仁若以生人殉葬君子所不忍聞也

宋史包繶妻崔氏拯之子婦也繶早卒遺一穉拯夫婦意崔不能守使左右嘗其心崔蓬垢出涕見拯曰翁天下名公也婦得齒賤役執滫瀡之事幸矣敢汙家乎後穉亦卒崔母呂自荆州

來謂曰喪夫守子子死孰守崔曰昔者非爲子爲舅姑也今舅沒姑老忍舍去乎呂怒曰我寧死決不獨歸崔曰母遠來義不當使獨還然至荆州倘不義見廹必終尺組之下遂偕去母懼不敢奪拯嘗出其媵在父母家生子崔氏密撫其母使謹視之後取歸名曰綖以奉包祀

錄曰孝肅嘗曰後世子孫仕宦有犯贓者不得放歸本家死不得葬大塋中不從吾志非吾子若孫其嚴如此而獨不爲其婦慮乎哉何爲而使左右耆之邪夫以拯之婦而有呂之廹左右之間疑有以致之也刑于者可不務慎乎崔不寧不貳其操且能密撫其媵子以全宗祀豈區區匹婦之義哉天

於孝肅可謂有知矣

按名者上帝之所甚惜而不輕與人世之所至貴而最難得者也自古清廉端直之人忠孝節烈之士能垂大名於天壤而不能留餘澤於孫子往往有身嗟伯道者有一再傳而忝嘗不繼者有傳之雖久而式微不堪比數者由是競起清官無後之說以縱天下之貪夫而藉爲口實不知凡此享大名者其生也間氣所鍾亘古一見故忠曰孤忠節曰介節行曰獨行操曰特操皆秉卓絕難繼之性而非等閒流品可比觀其廟貌巍峨愚夫孺子起敬起愛卽其苗裔也銅肝鐵膽流傳國史照耀汗靑卽其譜牒也春秋

致禮於有司歲時羅拜於祠墓俎豆勿替則隨地皆家廟也又何必支分派衍方指爲源流而謂鬼神不歆他姓之血食哉孝肅之後僅存一綫其終亦遂亡豈非公之大名收之而無餘者乎但意崔之不能守而使甞之知滕之巳娠而故出之自非孝肅所應有後世附會之言不足信爾

傅察妻趙氏抃之女也察自幼嗜學恬於勢利年十八舉進士蔡京誘其附巳將妻以女拒不答後竟爲淸獻公壻及爲兵部員外郎使金時金巳渝盟或勸無急徃氏曰卿命以出聞難而止如君命何趣之行遇金帥領兵至使拜不肯或捽之伏地察愈植立不顧謂官屬侯彥等曰我死必矣父母聞之必大戚幸

記吾言以告吾親使知我死國小紓其亡窮之悲也遂遇害及彥等歸道察不屈狀聞者壯之

錄曰清獻之女與孝肅之婦其名相埒也察辭京而壻抃旣無勉强之心則出使而殉國又豈偶然之故哉知重其身故擇配之嚴知愛其親故守義之篤趙氏愈有榮矣非崔呂逼廹之可比也

呂祉辟張浚府會岳飛欲大舉伐金檜忌之言於帝詔飛詣都督張浚議事浚以王德爲都統制酈瓊副之以祉參謀軍事瓊與德不相下交訟於朝乃命德還建康以其軍隸督府復命祉往廬州節制之與妻吳氏對泣訣別適檜以張俊爲淮西宣撫

楊沂中制置召瓊赴行在瓊懼遂叛祉爲瓊所執遇害有得祉括髮之帛歸者其妻吳持帛自縊以殉塟聞者哀之

錄曰忌之爲凶德也以上而朝廷大而軍旅賢而忠臣烈士愚而叛將武夫莫有不罹其害者苟使檜能容飛則浚必不貽怒浚不貽怒則事未必皆左禍未必速成而瓊之叛祉之死皆未可料也然則括髮之帛其姦檜促命之符乎雖然浚亦當自盡以謝祉而幽冥之中負此良友尚望其能恢復邪蓋不待符離之潰而督府之議君子預知其無能爲矣

按當時飛詰浚所直言瓊之不可副德與祉之不可叅軍利害較如指掌浚愎不能用以致敗事是適中檜之陰計

也蓋檜欲一網去其所忮明知浚娟嫉自用明知飛直不依違故特詔詰都督議事實欲激之使隙爾設檜能容飛則不使詰浚即詰浚而有直言浚亦不至遽怒而潰事矣浚知八日擒么服飛神筭而當衄僨事之後寂無悔心之萌則逆飛之議必至瓊叛衄死浚早識其有是特巳謀巳定不肯因人言變易耳究之計左而浚因以罷檜之巧浚之愚也從來小人巧詐君子未有不墮其術中況以浚之量褊才疎不足有爲者乎

陳寅知西和州元兵十萬攻城寅帥忠義與敢死士力戰晝夜數十合兵退諸將忌其功求援不應城遂陷顧其妻杜氏曰若

速自爲計杜厲聲曰安有生同君祿死不共王事者邪飲藥自殺寅乃朝服望闕焚香號泣伏劍而死時黎州通判何充舉家亦死之當充之被俘也賊設帷幄環坐而虛其賓席使坐充曰吾三世食趙祿爲趙氏死不憾及死充妻陳氏東望再拜曰臣夫婦可以對趙氏無媿矣

錄曰寅父咸爲寶謨閣待制蜀將吳曦之亂忿不能討乃削髮披緇以自汙辱而寅獨能奮勇殺賊雖力屈致死亦足爲咸之光矣矧同死者子姓賓客多至二十八人乎且如充之闔門義烈格天動人苟能假以事權托以心膂則變弱爲强轉危爲安無難事而乃星散遠地困守下僚孤城既無聲援

悍將又多忌尅徒以血膏粉堞何裨國事哉觀此而不太息痛恨者幾希矣

趙昴發通判池州元兵渡江昴發繕壁聚糧爲固守計及元人遊騎至李王河昴發知事不濟乃置酒會親友與訣謂妻雍氏曰城將破吾守臣不當去汝先出走雍曰君爲命官我爲命婦君爲忠臣我獨不爲忠臣婦乎昴發笑曰此豈婦人女子所能也元兵薄城晨起書几上曰國不可背城不可降夫婦同死節義成雙遂與雍氏盛服同縊于從容堂

錄曰愚觀趙昴發之從容堂江萬里之止水亭時人莫喻其意然則二公之方寸已定於居安之日矣視彼董宋臣盧允

昇之芙蓉閣香蘭亭賈似道之多寶閣秦檜之一德格天馨

香汙穢相去何啻千萬曷若此堂爲青史增光也乎

按婦之從夫曰偕老曰同穴故夫死稱未亡人明乎婦當殉夫其有生之年無非待死之日不必長留世間并不欲苟延旦夕者也矧乎時身受國恩膺五花之誥賁六珈之飾稱命婦而施榮宗黨者必以從夫之死爲正尤以夫死以正得相從以死爲幸事而錄中所載若吳若杜若陳若雍生共君祿死同王事者不少槩見抑獨何也蓋以人情之難舍也强半私其妻子而士人之妻又往往從臾其夫爲先家後國之計設遇患難無論選耎畏葸首以內顧爲

憂縱剛腸有殉國之舉每牽制帷帶全軀苟免安望有曉大義而輕私愛舉止從容甘心赴蹈者乎且丈夫之臨難而不即死也其意或將有待以圖再舉若婦人不從夫死過此以往蓬飄萍梗苦辱萬端甚至求死不得者比比而是何如慷慨相從較然不惑令後人名之曰忠貞曰雙節百世而下廟貌巍然夫婦同牢而享歲祀以完其偕老同穴之願之爲得邪夫水至柔也可以決之東西隨波上下及其凛冽之氣結而成氷驅車列乘過之無所不勝婦德之易柔順爲剛健亦猶是耳夫豈甚難不可爲之事哉

弘道錄卷之八終

弘道錄卷之九

明刑部員外郎仁和邵經邦弘齋學
皇清詹事府少詹事四世孫遠平補案

昆弟之義

孟子萬章曰敢問或曰放者何謂也曰象不得有爲於國天子使吏治其國而納其貢稅焉故謂之放豈得暴彼民哉雖然欲常常而見之故源源而來不及貢以政接於有庳此之謂也

錄曰愚觀象之不善不至若後世之甚也夫以管蔡監殷曹參相齊賈生相梁董子相江都天子曷嘗不使吏治其國而能已於暴者鮮矣可見象之所欲惟在於富貴得貢賦而遂

已後世之所欲必主於僭亂恣強大而益張然則雖以大舜處此亦焉得而善全之哉至所謂常常者相繼之義也彼漢景之於梁王警蹕旂常縱使不驕難乎繼矣所謂源源者不竭之義也彼唐玄之於五王連枕共被縱使至密有時竭矣覲聘者朝廷之禮接見者手足之親也不及貢則燕私之情洽不以政則非辟之干遠而後得以常常而見源源而來孟子其善探聖人者與

按括地志鼻亭神在營道縣北六十里故老相傳舜葬九疑象來至此後人立祠名鼻亭神朱類苑云道永二州之間有地曰鼻亭窮崖絕徼非人跡可歷舜封象于有庳蓋

此地夫有庫之在今零陵縣已成千古定所而集註云未知是否何也經文云欲常常而見之不待一年之貢期五年之朝期俾源源而來以伸吾親愛之義豈有兄居蒲坂弟居零陵陸阻太行水絶洞庭較諸驩兜放處尤遠千里之理若此年一至則往返幾及萬里其勞已甚數歲而數至勢必日奔走風塵道路中無少寧息親愛者固如是乎是有庫之封必近在帝都而今不可考爾乃知朱子註書其愼重不苟如此

書微子若曰父師少師殷其弗或亂正四方我祖底遂陳于上我用沈酗于酒用亂敗厥德于下殷罔不小大好草竊姦宄卿

士師師非度凡有辜罪乃罔恆獲小民方興相爲敵讐今殷其淪喪若涉大水其無津涯殷遂喪越至于今曰父師少師我其發出狂吾家耄遜于荒今爾無指告予顛隮若之何其父師若曰王子天毒降災荒殷邦方興沈酗于酒乃罔畏畏咈其耇長舊有位人今殷民乃攘竊神祇之犧牷牲用以容將食無災降監殷民用乂讐斂召敵讐不怠罪合于一多瘠罔詔商今其有災我興受其敗商其淪喪我罔爲臣僕詔王子出廸我舊云刻子王子弗出我乃顛隮自靖人自獻于先王我不顧行遯

錄曰詳味此書其曰今爾無指告予顛隮若之何其者微子欲决去就之幾也其曰詔王子出廸王子弗出我乃顛隮者

箕子告以當去之義也此二者一篇之綱領也其曰自靖人自獻于先王我不顧行遯者箕子自言在巳當如是非謂微子自謀存宗祀比干自謀死諫箕子自謀佯狂以獻于先王也蓋箕子紂諸父乃商之宗長先王之所附屬也微子紂庶兄乃殷之長嗣帝乙之所倚庇也宗國雖有禍亂在宗長而去之則先王何所望乎宗子若必喪亾在長嗣而不去則血脉何所存乎此箕子所以自靖人自獻于先王初不顧其行與遯也若乃比干雖紂諸父方之箕子則非長比之微子則非嗣可死則死耳又何必謀之於先邪集註疑比干獨無所言孔氏謂心同不復重言嗚呼其然豈其然與

按微箕二國鄭康成謂俱在圻內今潞城縣有微子城楡社縣有古箕城皆其舊封地也無何有周御世號令一新微子國于宋箕子封于朝鮮雖各待以賓禮乃使隔越數千里而遙此元公防亂遠嫌之深心然而回首故封頓成墟里他日麥秀興歌蒼天浩嘆良可悲矣曷若封墓之爲凛乎有生氣哉至謂微子抱器歸周者史記之訛面縛銜璧者左氏之謬也果爾何至成王始封邪

君奭周公若曰君奭弗弔天降喪于殷殷既墜厥命我有周既受我不敢知曰厥基永孚于休若天棐忱我亦不敢知曰其終出于不祥嗚呼君已曰時我我亦不敢寧于上帝命弗永遠念

天威越我民罔尤違惟人在我後嗣子孫大弗克恭上下遏佚前人光在家不知在今予小子旦非克有正迪惟前人光施于我冲子公曰君奭天壽平格保乂有殷有殷嗣天滅威今汝永念則有固命厥亂明我新造邦今予小子旦若游大川予往暨汝奭其濟嗚呼篤棐時二人我式克至于今日休我咸成文王功于不怠丕冒海隅出日罔不率俾

錄曰以召爲弟也而曰君奭周爲兄也而曰予小子二公雖老而敬不衰可以見其篤棐之至矣夫周公留相召公告老寧有一毫之私心乎是故以君則冲乎弗可弗念也以業則泮乎弗可弗洽也以天則寘乎弗可弗諶也以命則赫乎弗

可弗永也弗有耆老尚有浮薄乎宋哲宗時司馬光呂公著爲政呂大防范純仁爲臣宣仁一旦棄世遂召惇卞用之大亂天下宋業以隕天命以去則觀君奭之書能不三嘆

蔡仲之命惟周公位冢宰正百工羣叔流言乃致辟管叔于商囚蔡叔于郭鄰以車七乘降霍叔爲庶人三年不齒蔡仲克庸祇德周公以爲卿士叔卒乃命諸王邦之蔡王若曰小子胡惟爾率德改行克愼厥猷肆予命爾侯于東土往卽乃封敬哉爾尚蓋前人之愆惟忠惟孝爾乃邁迹自身克勤無怠以垂憲乃後率乃祖文王之彛訓無若爾考之違王命

錄曰周公之封蔡仲豈比於季友之後慶父乎流言之辟止

於口過而且脅於管叔故僅囚之不惟不絕其祀而且仍邦之蔡公之心天地日月矣所以不崇朝而天下清明也

按周公居東二年成王始知流言所起乃管蔡意不自安遂挾武庚以叛王以討得管叔等誅放之故書正其名曰罪人斯得當是時公方避位而自明心迹未嘗與知也迨管叔誅後公深負恫常棣之詩猶含悽悼何獨鴟鴞爲然哉蓋公之所處雖與舜同但舜身爲人主可以保全其弟公爲人臣不能曲庇其兄舜有愛弟之實公被殺兄之名良由此耳至仲率德改行公且汲舉爲巳邑卿士是其沉痛之衷親愛之誼久鬱而始宣之本心大可見矣破斧缺

斯之咏爲誅武庚祿父非爲討管蔡也杜註於蔡仲命曰周公以王命殺之亦不詳復事之始末矣

左傳魯莊公築臺臨黨氏見孟任說之生子般以愛欲立之問於叔牙牙曰一繼一及魯之常也慶父材君何憂退而問季友友曰臣以死奉般公曰叔牙奈何成季以君命命僖叔待于鍼巫氏使鍼季酖之曰飲此則有後于魯國歸及逵泉而卒立其子爲叔孫氏公薨季友立子般慶父使殺子般立開哀姜謀立慶父使卜齮賊開于武闈成季以閔兄申適邾魯人不欲慶父慶父懼如莒季友以賂求慶父于莒莒人歸之及密使公子魚請不許哭而往慶父曰奚斯之聲也乃縊其後爲孟氏

錄曰愚觀季友之事所謂坎有險求小得未能明乎大義者也夫邾小國也尚能斷斯獄豈魯宗國而不聞哉此義不明於是復有殺惡及視之事無惑乎亂之相踵也故春秋書慶父出奔而不明其死聖人之意見矣

按論者以友酖叔牙爲過急不知公羊有言人臣無將將則必誅事當危疑之際不嫌急决友旣以宗卿主持國政而武闈之變哀姜實與聞焉苟不驟起而除之鮮有不蔓衍難圖者惟鍼季之飲及于逵斯奚斯之聲乃能促之于密也友生不辰遭此兩兄雖未明正典刑亦不至於失賊可謂善於守義矣獨是賜族命氏必其生有成勞否則亦

以骨肉至親也慶牙加刄兩君而思竊國以勞則賊以親則殘如邾定公所云凡在官者殺無赦宜也乃援華督之事而使之有後是豈得爲盡義乎

公羊宣十有七年冬十有一月壬午公弟叔肸卒其曰公弟何賢之也其賢之何也宣弑而非之也非之則何爲不去也曰兄弟也何去而之與之財則曰我足矣織屨而食終身不食宣公之食君子以是爲通恩也是以取貴乎春秋

錄曰叔肸豈不誠廉士哉夫以襄仲之逆謀宣公之篡立所與不共戴天之讐也肸苟有季友之權去叔而立閔可也誅孟而事僖亦可也旣不能然徒以手足之親反爲寇仇之役

亦將踐蹈之而已斬艾之而已聖人何取焉取非其義而不食也上無避兄離母之嫌内有餘貴餘富之樂其超出人數等矣豈於陵仲子之可及哉

曹子臧名欣時宣公庶子也宣公卒于師曹人使公子負芻守使子臧逆公之喪負芻殺其世子而自立是爲成公子臧不義成公將出奔國人聞之相率從子臧行成公懼自告其罪且請留焉子臧乃反而致其邑明年成公會諸侯于戚晉侯執之歸于周諸侯皆賢子臧將見于周而立之辭曰前志有之曰聖達節次守節下失節爲君非吾節也雖不能聖敢失守乎遂逃奔宋三年曹人請于晉晉侯謂曹人曰苟子臧反吾歸而君子臧

不得已復歸以待晋命既而晋人復請于周以反成公子臧於是盡致其邑與卿而終身不仕

錄曰夫所謂之節者物旣離散則當節止之節所以次渙也故其象曰不出戸庭知通塞也負芻之罪上通於天非若魯宣之簒立而國人無異心諸侯無異辭者比也爲欣時者盍因國人之同心諸侯之同罪請討於周以報世子之辜正在官之罰使綱常墜而復振天地晦而復明寧不謂之節乎不知此義徒守區區之小信以成滔滔之顯惡於是天討幾張而復閉人欲益肆而難收從此亂臣賊子接跡於後世恬不知懼矣孟子不云仲子不義與之齊國而不受是舍簞食豆

奠之義也惜當時無以此義責之者
季札吳王壽夢少子也壽夢子四人長諸樊次餘祭次餘昧次季札札賢壽夢欲立之札讓不可乃立諸樊攝行政事諸樊旣除喪以父命讓位於札謝曰曹宣公之卒諸侯與曹人不義曹君將立子臧子臧去之君子曰能守節矣君義嗣也誰敢干君有國非吾節也乃棄其室而耕諸樊卒授弟餘祭欲傳以次必致國於札以稱父意餘祭卒弟餘昧立餘昧卒又欲授札札逃去於是吳人立餘昧之子僚爲王諸樊之子光曰吾父所以兄弟相傳者欲致位季子也季子卽不受國吾當立乃使人刺僚而自立是爲闔廬季子使晉反曰苟先君無廢祀民人無廢主社

稷有奉國家無傾乃吾君也吾誰敢怨哀死事生以待天命非我生亂立者從之先人之道也復命哭墓復位而待

錄曰季札之不受國豈比於曹子臧乎槩無篡立之心其致國者以父命爲尊也故札辭曰君義嗣也誰敢干君此以天倫爲重也於是次餘祭次餘眛次季札夫誰曰不可奈何王僚之不然也啟光之篡者僚實爲之而胡氏謂季札辭國而生亂因其來聘以貶之則過矣且壽夢之欲傳位季札非若周之至德也夢始僭王欲札行王季文王之事此札之所深懼人皆不知而札獨知之寧不屢遁其跡乎吾夫子特賢季札其意隱而不發比札死夫子書墓曰嗚呼此延陵季子之

摹意可知矣

按自古授受止有傳子傳弟二法要之傳弟之後終歸傳子益父傳子兄傳弟順也若叔父而傳姪則變制矣故夏周傳子殷商傳弟至傳弟之窮即傳弟之子以繼之如沃丁傳弟太庚則太庚子小甲立小甲傳弟雍巳雍巳傳弟太戊則太戊子仲丁立仲丁傳弟外壬外壬傳弟河亶甲則河亶甲子祖乙立陽甲傳弟盤庚盤庚傳弟小辛小辛傳弟小乙則小乙子武丁立歷考殷三十世惟太丁傳弟外丙外丙傳弟仲壬仲壬無子故立太丁之子太甲又沃甲祖丁則先立兄沃甲子後立弟祖丁子以祖丁子陽甲

幼未能君也餘皆立弟之子無異若宋宣讓穆而穆之子馮反殘宣子諸樊讓弟而樊之子光反刺王僚元文宗慨然立姪而順帝且毁其廟主尋至亾國夫神器大寶豈得以酧私意而兼避嫌哉有明景泰旣正帝號自宜建儲英宗旣錮南壖其子安得爲太子其幸而復辟者偶耳時于忠肅公謙當國誠明於千古之大法者也

晉邢侯與雍子爭鄐田久而無成士景伯如楚叔魚攝理韓宣子命斷舊獄罪在雍子雍子納其女於叔魚叔魚蔽罪邢侯怒殺叔魚與雍子於朝宣子問其罪於叔向叔向曰三人同罪施生戮死可也雍子自知其罪而賂以買直鮒也鬻獄邢侯專殺

其罪一也乃施邢侯而尸雍子與叔魚於市仲尼曰叔向古之遺直也制刑不隱於親三數叔魚之惡不爲末減其義也夫

錄曰昔叔向之諫其母母曰懼生龍蛇又曰狼子野心何羊舌氏之不幸若此乎惟狠故貪惟蛇故鷙而尚未蒞其濫至雍子之禍三者備矣肸雖欲減惡乎受其減哉

漢書朱虛侯劉章以諸呂擅權用事忿劉氏不得職嘗入侍宴飲章自請曰臣將種也請得以軍法行酒頃之諸呂有一人醉亡酒章拔劍追斬之太后業已許其軍法無以罪也自後諸呂憚朱虛侯劉氏爲益強

錄曰武后悉誅唐宗室而呂后不殺朱虛侯以齊爲之殿也

然則呂氏亦可謂無策矣徒以女親人而不知所親非以女也以兵彊呂而不知所強非以兵也是故軍可奪而章之志不可奪兵可恃而嬰之謀不可恃呂氏至是誠無策矣

劉秀與兄縯威名益盛新市平林諸將陰勸更始除之適部將劉稷聞更始立怒曰本起圖大事者伯升兄弟也今更始何爲者遂收稷將誅之縯固爭更始并執殺縯官屬迎弔秀秀不與交私語惟深引避而已又不敢爲縯服每獨居輒不御酒肉枕席有涕泣處主簿馮異獨寬譬之秀曰卿勿妄言異因進說曰更始政亂百姓無所依戴夫人久饑渴易爲充飽今公專命方面宜分遣官屬循行郡縣宣布德澤秀深納之

録曰坎之初六曰習坎入于坎窞凶象曰習坎入坎失道凶也縝好俠輕舉當寇攘之世習坎者也叔雖同符高祖柔道未立上無應援豈能出伯升於險其死固有以也然其兆本曰坎有孚維心亨行有尚秀既剛中之才異爲塞淵之輔尚往有功是以其言易入秀之深納亦有以也此所以行險而不失其信卒之赤心効順大對褒功豈非維心之亨乎

劉紆者宣帝曾孫宣帝封子囂于楚是爲孝王孝王生思王衍衍生王紆紆生般自囂至般積累仁義而紆尤慈篤早失母同産弟原鄉侯平尚幼紆親自鞠養常與共卧起飲食及成人未嘗離左右平病卒紆哭泣嘔血數月亦歿後光武封般爲菑丘

侯奉孝王祀後遷宗正其收恤九族行義尤著

錄曰是時朝廷方厲謙讓之實友于之風行於本支達於天下欲不爲義人其舍諸其視斗粟疋帛之謠遠矣

按在上行之謂之風在下率之謂之化君子所履小人所視不於此時驗其誠然哉葢順風之呼其應必疾建瓴之勢其滴穿穴朝廷原有轉移風化之權所貴乎躬行以道之正已以先之耳若紆之性質本良固非全由觀感跡其自幕至般累仁種德積厚流光加以熏陶漸染能無行義尤著乎是宗室之賢良而實朝野之型範也

杜林與弟成俱好學時稱通儒王莽末盗起客居河西隗囂聞

林志節深相敬待以爲持書平後因疾告去辭還蘇嚣强起之林雖拘於嚣而不屈節會弟成殁聽持喪東歸既遣而悔令刺客楊賢追於路將遮殺之賢見林身推鹿車載致弟喪嘆曰當今之世誰能行義我雖小人何忍殺義士因亾去光武聞之徵拜侍御史後爲東海王彊傅卒爲大司空稱任職相

趙孝趙禮兄弟恭遜篤行遭天下亂人相食禮爲賊所得將烹孝乃自縛詣賊推讓就烹衆異之遂不害鄉里服其義永平中召拜諫議大夫遷侍中長樂衛尉復徵弟禮爲御史中丞顯宗欲寵異之詔大官送供具令兄弟相對盡歡數年禮卒令孝從官屬送喪歸塟孝無子拜禮兩子爲郎

錄曰愚觀杜林始以賊亂致命於囂終以賊剽遇賢於路至趙氏二子命在須臾當是時豈知貴爲王傅爵齒公孤與夫大官鼎食邪楊之義羅之謙一時聞風興起雖曰人所素孚而實天之嘿助也不然彼刺客亡命者流寧肯甘心効義邪而卒以不沒此眞罕見其儔者矣

晉書右僕射鄧攸永嘉末沒於石勒過泗水攸以牛馬負妻子而逃已遇賊掠其牛馬步走擔其兒及其弟子綏度不能兩全乃謂妻曰吾弟蚤亡唯有一息理不可絕止應自棄我兒耳幸而得存我後當有子妻從之乃棄其子去卒以無嗣時人義而哀之曰天道無知使鄧伯道無兒弟子綏服攸喪三年

錄曰伯道之痛千古莫不以爲然也而史稱攸預加纓繫絕其奔走豈慈父仁人之用心哉勿謂天道無知乃有知矣愚以爲皆非情實按攸爲石勒所獲濵死者再至勒過泗水攸乃砍壞車以牛馬負妻子而逃則必有追兵之來物色之及以意度之子大姪小子之識者多故繫之姪之識者少故存之一以緩追兵一以絕物色非但義而已也至卒以無嗣或然之天數亦君子之不幸與以是繩攸人莫肯爲義矣

按春秋時齊攻魯至郊見一婦人携一子抱一子衆逐之乃棄抱者而奔逐得之問携者誰曰兄子棄者誰曰己子衆怪而詰其故曰我夫尙存可望有子吾兄早亾止此一

綫耳齊軍曰魯之婦人猶持節義其可伐乎遂反觀伯道謂妻之言未必不本於此而一以兩全一終無嗣何也蓋魯婦之棄子實以存兄之一脉不知其他也伯道之棄子止欲全己之一身遑恤我後也此天道之所以異也

庚衮明穆皇后伯父也少履勤儉咸寧中大疫二兄俱亡次兄毗復殆時疫氣方熾家人皆出避衮獨留不去遂親自扶持晝夜不眠其間復撫柩哀臨不輟如此十餘旬疫勢既歇毗病得痊衮亦無恙衮諸父並貴盛惟父守貧約衮躬親稼穡以給供養而執事勤恪與弟子樹籬跪以授條或曰今在隱屏何恭之過曰幽顯易操非君子也母終服喪居墓側或斬其墓栢叩頭

出涕曰德之不修不能庇先人之樹父老咸爲垂泣自後人莫之犯州郡交舉孝廉皆不降志號爲異行齊王冏之倡義也肆掠陽翟聞衮乃率同族及庶姓保于禹山衆推衮爲主誓曰無恃險無怙亂無暴鄰無謀非德無犯非義及賊至乃勒部曲整行伍皆持滿弗發賊服其慎而畏其整是以皆退時人語曰歲寒知松栢之後凋又曰臨事而懼好謀而成其庾異行乎

錄曰愚觀晉之靡俗而有衮之異行豈惟明愧八王幽慚裴衛無亦生耻元規死羞叔預者與夫以一疾而知歲寒之松栢與更八王而不識板蕩之忠臣者何天淵也衆皆貴盛父獨守貧與欲而無厭貪而無止者何懸絕也臨事而懼好謀

而成與輕薄造難淺謀起釁者又何逕庭也幽顯不易執事勤恪與懷煬相加凶逆自恣者又何南北也是知鬼魅離離而陽德丕顯汙穢藉藉而昭明介爾不有叔褒何有晉之日月乎

按典午之世王衍樂廣諸人競尚清談廢置國事習以成風遂至離亂至以倡義之師加之盗賊之目而不恤以故聚衆拒守皆名違其實之所致也蓋言與行不兩優守與爲難兼善浮夸者其內問必慙敦篤者其才猷必局故言語之科别於德行孝廉而外更有茂材明乎求備之難也衮處浮華之代獨著異行已加人一等又能糾率同族讐

伏賊兵洵可爲有用之才矣夫德固性稟所自賦才必練

達而後周設袞不能躬習勞苦甘守貧窮則當危急之乘

必不能戮力同心任其艱而鼓其鋭也然則生於安樂者

詎可飽食煖衣佚居而無事事以虚此一生也哉

南史謝弘微童幼端審叔父混見而異之曰此兒深中夙敏方

成佳器年十歲出繼從叔峻峻司空琰子也於弘微本緦親義

熙初襲峻爵建昌侯弘微家素貧儉而所繼豐泰遺財禄秩一

不關與混風格高峻少交納唯與族子靈運瞻曜及弘微並以

文義賞會居在烏衣巷瞻等才辭辯富弘微每以約言服之混

特所敬貴號曰微子後混以劉毅黨誅妻晉陵公主詔謝氏絕

昏改適琅琊王以混家事委之混仍世宰輔一門兩封田業十餘處僮僕千人唯二女弘微經紀生業事若在公一錢尺帛出入皆有文簿高祖受命以公主執義守節聽還謝氏自混亡至是九載而室宇修整倉庫充盈門徒業使不異平日田疇墾闢有加於舊主嘆曰僕射平生重此子可謂知人

錄曰愚觀烏衣巷之遊眞所謂芝蘭玉樹焜燿當時若叔源之識鑒康樂之才美宣遠之清悟宣明之傑濟然皆不得其死獨微子無間然其故何邪易之小過曰弗遇過之飛鳥離之凶是爲災眚諸子非不才義豐辯然皆剛躁負氣恃才而持操不篤違理過當是以凶也若微子性旣嚴正行復修謹

其事所後踰於所生誠敬內通神明外憚言笑不妾廉耻寡爭正易所謂行過乎恭喪過乎哀用過乎儉者也安往而非義則亦安往而得災眚哉

按微子之行尚矣然惟公主復歸得再見室宇倉庫門徒田疇故其行乃顯耳旣絕復歸自屬僅事微子初非預料其重來而故勤其經紀詳其文簿以爲之地也設主竟他適則雖有高義人亦烏從識之邪漢張基爲富人壻止一子因流蕩逐之富人死盡以貲產付基後富子行乞於道基收歸令管庫察其謹厚無故態悉以貲產還之並餘息一無所隱魏張裔素與楊恭善恭卒遺孤尚未成人裔往

與分屋而居同事恭毋及子長爲付田宅使立門戶葢其人皆有子可歸非若混之一門無主者也然則微子之行所以動人敬貴哉叔季貪惏財產百計以肥其家甚至爭訟不已同歸於盡者獨何心也

唐書虞世南與兄世基同受學於吳顧野王餘十年精思不懈至累旬不盥櫛文章婉縟陳文帝知二子博學遣使至其家護視世基辭章清勁過其弟而贍博不及議者方晉二陸隋大業中累官秘書郎時世基得君貴盛妻妾服御擬王者而世南躬貧約不改其操宇文化及殺世基世南抱持號訴請代不能得自是哀毀入唐爲弘文館學士時已老太宗重之以其貌儒謹

外若不勝衣而中抗烈論議持正嘗曰朕與世南商畧古今有一言之失未嘗不悵恨又稱其有五絶一德行二忠直三博學四文辭五書翰卒年八十一

錄曰愚觀二虞氏一顯於隋一奮於唐顯於隋者若春花吐艷焜燿一時故時方二陸非不具美也奮於唐者若晚菊含葩馨香四達故世稱五絶莫之與京也夫以同懷之親而際遇不同本末逈異如此人豈可以窮通蚤暮二其心哉

按世南兄弟文學同而立品不同一家之中臧否互異洵天地生才之厺也唐韓會韓愈宋曾布曾肇王安國安石皆親兄弟才華相若而制行大殊全璧之難千古不無遺

憾五常五桂二難八龍所以美名至今不衰耳雖然以高陽氏之聖有才子八愷而復生檮杌又何論其餘哉

崔邠兄弟六人酆郾郇鄯鄲同時至三品凡爲禮部五吏部再唐典無有也父倕四世緦麻同爨當時治家者咸推其法邠以鯁亮知名憲宗時爲太常卿始視事大閱四部樂都人縱觀邠自第親導母輿公卿見者皆避道都人榮之郾姿儀偉秀人望而畏慕下不敢欺每擬吏親挾科格褒黜必當寒遠時無留才素不藏貲有輒周親舊居家怡然子弟化之鄯左金吾衞大將軍卒于家不與李訓之亂人以爲積善報鄲以檢校尚書右僕射節度淮南所居光德里搆便齋宣宗聞而嘆曰鄲一門孝友

可爲士族法因題曰德星堂後京兆即其里爲德星社云

錄曰柳氏嘗有言曰行道之人德行文學爲根株正直剛毅爲柯葉有根無葉或可俟時有葉無根膏雨所不能活也至於孝慈友悌忠信篤行乃食之醯醬何可一日無哉觀於崔氏而可見矣人苟忽於範世自負聯翩顯盛從而逞志於富貴德星之文將能曜乎

小學河東節度使柳公綽在公卿間最名有家法中門東有小齋自非朝謁之日每平旦輒出至小齋諸子仲郢皆束帶晨省於中門之北公綽與弟公權及羣從弟再會食自旦至暮不離小齋燭至則命子弟執經史躬讀一過訖乃講議居官治家之

法至人定鐘然後歸寢諸子復昏定於中門之北遇饑歲則諸子皆蔬食曰昔吾兄弟侍先君爲丹州刺史以學業未成不聽食肉吾不敢忘也及公綽卒仲郢一遵其法事公權如事父非甚病見未嘗不束帶爲京兆尹鹽鐵使出遇公權必下馬端笏立候過乃上馬公權暮歸必束帶迎候於馬首不以官達有小改公綽妻韓氏相國休之曾孫儉約爲縉紳家楷範衣不用綾錦每歸覲不乘金碧輿惟乘竹兜子二青衣步屣以隨常命粉苦參黃連熊膽和爲丸賜諸子每永夜習學含之以資勤苦

錄曰史稱公綽仁而有勇仲郢方嚴簡素父子更九鎮五爲京兆再知河南皆不奏祥瑞不度僧道不貸贓吏法凡理藩

府急於濟貧恤孤有水旱必先期貸廩軍食必精豐遣租必貰免館傳必增飾宴賓犒軍必華盛而交代之際食儲帑藏必盈溢於始至此居官之法也而修身正家之法史不具備故錄之以爲驕侈而不知禮義者之戒

柳玭嘗著書戒其子弟曰壞名災己辱先喪家其失尤大者五一自求安逸靡甘淡薄苟利於己不恤人言二不知儒術不悅古道懵前經而不耻論當世而解頤身既寡知惡人有學三勝己者厭之佞己者悅之浸漬頹靡銷刻德義簪裾徒在厮養何殊四崇好優游耽嗜麯糵以啣杯爲高致以勤事爲俗流習之易荒覺已難悔五急於名宦暱近權要一資半級雖或得之衆

怒孳儁鮮有存者余見名門右族莫不由祖先忠孝勤儉以成立之莫不由子孫頑率奢傲以覆墜之成立之難如升天覆墜之易如燎毛言之痛心爾宜刻骨

錄曰柳氏世有規範若此篇者不論長幼無間窮達宜各寫一通置之坐側至於世家子弟尤宜警心未可以爲小學而莫之省覽也

按朱子年五十八編次小學書成其旨不外理與事而已內篇之立教明倫敬身通論言其理也稽古之立教明倫敬身通論實之以事也外篇嘉言之廣立教明倫敬身又以理言也善行之實立教明倫敬身又實之以事也其旨

不出父子君臣夫婦長幼朋友之五倫五倫不出仁義禮智信之德可知吾祖是錄實與朱子互相發明

宋史太祖幸洛張齊賢以布衣獻策條十事內四說稱旨及還語太宗曰我幸西都惟得一張齊賢我不欲官之他日可使輔汝爲相及太宗登阼策試進士齊賢在選中有司寘下第帝不悅故一榜盡賜及第特與京官通判

錄曰宋祖以齊賢留相太宗乃眞德實意當時太宗私意未起因心尚存故一榜盡賜及第可謂載錫之光矣及其私意一萌齊賢乃在所畧趙普再薦始得大用觀其曰陛下若進齊賢他日感恩更過於此上遂大悅然則秦王之謀齊賢與

聞亦可見矣嗚呼齊賢其負褻祖哉矧如王溥依違前代取容本朝而欲望其盡忠匡救何可得也

江州陳氏宗族七百口自陳崇以來數世未嘗分異爲家法戒子孫擇羣從掌其事建書堂以教誨之詔旌爲義門免其徭役崇子衮衮子昉同居不畜婢妾人無間言每食必羣坐廣堂未成人者别爲一席鄉里率化昉弟子鴻鴻弟競當競之世子姓益衆嘗苦乏食淳化中太宗詔本州每歲貸粟二千石後競死從弟旭止受貸粟之半云省嗇而食可以及秋成屬歲歉粟貴或勸旭全受而糶可邀善價旭曰朝廷以旭家衆軫其乏食貸以公廩豈可見利忘義帝聞深嘉嘆獎

錄曰競之與旭猶帝之與美也昉之於鴻猶美之於昭也一家之中祟爲長昉爲繼昉弟子鴻鴻弟競競弟旭數世一心未嘗自異奈之何國法反不如家法之善遺命反不若遺謀之遠乎究之其本在於不競粟利始也夫自一介至萬鍾一室至天下古之聖賢所以兢兢業業不敢肆然者正以預養是心無致見利忘義也故以區區一江州而有長幼七百口之陳堂堂大天下而無一弟二姪之宋帝知嘉嘆一人而甘於負謗萬世其不知類也已

葛宫與弟客奕世儒學以道義聞鄉里真宗時宫上太平雅頌十篇又獻寶符閣頌官至太子賓客性敦厚恤錄宗黨撫孤嫠

賴以存者甚衆客任太常博士性恬靖年五十即上章致仕婣黨交止之笑曰俟罪疾老死不已而休官者安得有餘裕哉子書思調建德主簿時客已老欲迎之官難之慨然曰曾子一日不肯去親側豈以五斗移素志哉遂投劾歸養及父喪盛暑不釋苴麻終禫不忍去冢舍累年乃出仕兄書元爲望江令同隸淮南監司有舍兄而薦己者移書乞改薦兄不許則封檄還之仕至朝奉郎亦告老父子皆不待年人爭高之卒謚清孝子勝仲儒林有傳孫立方曾孫邲五世登科三世掌辭命邲相光寧二朝嘗曰十二時中莫欺自己其實踐如此

錄曰葛氏一門父祖子孫及於昆弟何其澤之遠哉或仕宦

而舍要投閑或家居而敦宗厚族或父子簪紱相尚或兄弟薦引相高至淸孝之謚儒林之稱皆前古所未有而五世科第三掌絲綸亦近代所罕儔蓋不但王氏之三槐而已

宋庠與弟祁同舉進士禮部奏祁第一庠第二章獻太后不欲以弟先兄乃擢庠第一寘祁第十人呼二宋以大小别之寳元中庠以右諫議大夫爲相練習故事遇事輒辨別是非與呂夷簡論數不合乃出知揚州范仲淹去任帝問章得象誰可代者得象薦祁帝雅意在庠復召參知政事爲人天資忠厚嘗曰挾詐恃明殘人矜才吾不爲也卒謚元獻仁宗篆其墓碑曰忠規德範之碑祁謚景元尤能文善議論所至治事明峻好作條教

咸平天聖間兄弟文雅節操友愛著聞於時

蘇軾與弟轍同登進士又同策制舉仁宗讀策退而喜曰朕今日爲子孫得兩宰相神宗尤愛其文宮中讀之膳進忘食稱天下奇才軾作文渾涵光芒雄視百代嘗謂轍曰吾視今世學者獨子可與我上下自爲舉子至出入侍從必以愛君爲本忠規讜論挺挺大節羣臣無出其右轍論事精確修辭簡嚴王安石初議青苗數語柅之自是不復及元祐秉政力斥章蔡不主調停及議回河顧役與文彥博司馬光異同而西邊之謀又與呂大防劉摯不合君子不黨於此見之二人進退出處無不相同患難之中友愛彌篤無少怨尤近古所罕見云

錄曰愚觀趙宋以大科取士一舉而得二宋又一舉而得二蘇預儲異日爲相之望非區區一資半級已也可見當時待士之厚須材之殷過於漢唐諸君遠甚而數子者寧詘已私而不敢背公義寧忤權貴而不敢欺朝廷上不負天子下不負所學可謂得以道殉身之義矣雖或相或否而其體段已具無害乎其所謂大臣也至於升沉得失又何足較哉

按四賢之中惟小宋稍遜然庠所言恃明矜才則賢者猶不免焉夫恃明矜才已爲識者不取至挾詐殘人則直不足掛齒頰矣然二者弊實相因一有矜恃之心則其病有不期然而然者自以爲非挾而實挾自以爲不殘而甚殘

究之其所爲明與才亦非眞也蓋陰謀傾譎藉以勝人而機心一破人即以此持其所畏尤侮之乘適其自致而謂人可殘乎詐可挾乎而謂明與才可恃可矜乎

王安國任西京國子教授秩滿至京帝以安石之故特召問曰漢文帝何如主對曰三代以後未之有也帝曰但恨其才不能立法更制耳曰文帝自代來入未央宮定變故俄頃呼吸間恐無才者不能至用賈誼言待羣臣有節專務以德化民海内興於禮義幾致刑措則加有才一等矣帝曰王猛佐苻堅以蕞爾之國而令必行今朕以天下之大不能使人何也曰猛教堅以峻法殺人致秦祚不傳今刻薄小人必有以是誤陛下者願專

以堯舜三代爲法則下豈有不從乎又問卿兄秉政外論謂何對曰恨知人不明聚斂太急帝不悅由是止授崇文院校書屢以新法之弊諫安石又嘗以佞人目惠卿故惠卿啣之

錄曰帝之問安國即所以問安石也安石探帝之情兼於二秦故假權寵以濟其私安國鑒兄之失蔽於羣佞故餙正辭以明其惑不然王氏幾無人矣以雱之疾戾欲梟韓琦富弼之首而卒奪其魄天之降鑒亦孔昭乎雖不能見悅於帝而實不自絕於天後世不以安石病安國則較然矣

曾鞏少孤弟布與肇皆受學於鞏爲文本原六經一時作者鮮能過之鞏幼自力學文辭溫潤有法更十一州類多善政及布

得志自熙寧以來四十年邪正相軋黨論屢起肇身更其間與兄不合布因韓忠彥並相日夕傾危之肇既居外移書告之曰兄方得君當引用善人翊正道以杜惇卞復起之萌而數月間所謂端人吉士繼跡去朝所進爲輔佐侍從臺諫往往皆前日事惇卞者一旦勢異今日必首引之以爲固位計思之可爲慟哭比來主意已移小人道長進必論元祐人於帝前退則盡排之於要路異時惇卞縱未至一蔡京足以兼之不可不深慮布不能從未幾京果得政布與肇俱不免

錄曰自二宋二蘇有名當時若金陵之王南豐之曾文學行能畧不相遠君子未可以差殊觀也乃以心術之偏寵祿之

奪遂致一邪一正若隔天淵一薰一蕕若分二器豈非由其誣陷正人排斥忠義專務引用凶邪爲固位取寵之計哉抑王氏昆弟之於新政始終區別若將浼焉嶽宗旣相蔡京旋復相布肇實爲草制曰東西分臺左右建輔嗚呼曷不於是時明其是非以決去就乎旣已居外乃始移書或已晚矣宜布之不能從也

呂祖儉祖泰皆祖謙弟也受業祖謙謙卒儉方監明州倉部法半年不上爲違限儉必欲終期喪朝廷從之著爲令寧宗卽位除太府丞時韓侂胄誣趙汝愚爲僞黨祖儉上封事曰陛下初政淸明曾未踰時朱熹碩儒彭龜年舊學悉許之去至於李祥

老成篤實衆聽所孚者今又斥逐臣恐天下視以爲戒今能言之士其所難非在於得罪君父而在於忤意權勢比者左右暬御於黜陟廢置之際間得聞者車馬輻輳其門恃權怙寵揺撼外廷臣恐事勢浸淫政柄不在公室凡所薦進皆其所私凡所傾陷皆其所惡豈但側目憚畏莫敢指言而阿比順從内外表裏之患必將形見慮陛下之勢孤而相與維持宗社者寖寡也有旨安置韶州祖泰徒步往省之語其友王深厚曰自吾兄之貶諸人箝口我雖無位義必以言報國當少須之未敢以累兄也及僉殁貶所泰乃上言道學者自古所恃以爲國也立僞學之禁逐汝愚之黨是將空天下而陛下不知悟邪陳自强特童

孺之師顒致宰輔蘇師旦平江吏胥以潛邸而得節鉞周均韓氏厮役以皇后親屬得大官不識陛下在潛邸時果識師旦乎椒房之親果有均乎侂胄之自尊大而卑朝廷一至於此願亟誅侂胄及師旦而罷逐自强之徒獨周必大可用宜以代之書出中外大駭有旨挾私狂妄杖之百發配欽州

錄曰眞文公嘗稱大愚有成公之風然猶一太府丞也至泰則韋布之末耳無官守言責而甘履危機何與宋轍既南明離不復姦邪叠興然未有若侂胄之時者也自僞學之說興公然以放僻邪侈爲人之眞情廉潔好修乃僞情耳自生民以來未有此說是殆慘於焚書坑儒之禍人人得而誅之況

世得中原文獻之傳者乎抑呂許公韓魏公之在仁宗朝皆居相位享盛名乃其子孫邪正之分不意若此呂雖屢竄屢逐馨香百倍而韓之元凶極惡遺臭萬年君子不能不爲之長太息也

按二呂處兄弟之窮而制行卓越凡爲兄弟者所不能過前此郊祁軾轍並居顯官負時望卽有蹉跌而不至大潰繼此王會二氏雖亦都清要然涇渭判流終有遺憾若大愚昆弟遺佚阨窮益厲其志同心共節比耀爭光其義不更偉哉當大愚貶竄時晦庵遺之書曰某以官則尊於子以恩禮則深於子然坐視羣小之爲不能言以報効乃令

子約獨舒憤懣觸時忌而蹈禍機愧歎多矣故士君子之立身亦惟值其時耳時當郅隆則爲八愷爲八元雖多不厭若遭叔季之代慍于羣小則雖脊令弔影鴻鴈驚飛祗有相約同休相捄爭死而已不則貪生戀位寧有不易薰爲蕕者邪以二呂所處之時地而制行苟如此由其傳習有素眞可不愧成公之教矣

陸九齡兄弟六人父賀累世義居推一人最長者爲家長一家之事聽命焉子弟分任家事凡田疇租稅出內庖爨賓客之事各有主者九齡繼父志益潛心理學闔門百口男女以班各供其職閨門之內嚴若朝廷而忠敬和樂鄉人化之與弟九淵相

爲師友和而不同學者號爲二陸有來問學者九齡從容啟告人人自得或未可與語則不發嘗曰人之惑有難以口舌爭者言之激適以固其意少需之未必不自悟也弟九韶學亦淵粹隱居山中晝之言行夜必書之以訓戒之辭爲韻語晨與家長率衆子弟謁先祠畢擊鼓誦其辭使列聽之

錄曰愚觀陸氏家規之切壼範之嚴後世鑿鑿可以遵行張公藝恐之一字若見其有所未盡蓋由道學之益涵養薰陶自然而化不可徒以累世義居目之也

按宋室養士三百年人才彙與盛於前代往往連鑣競爽建功立名流光史冊惟二陸兄弟並列學宮配享先聖與

程氏等象山天資既高進道甚勇其上達功夫悉由下學而入卽其兄弟自相師友忠敬和樂始於家庭孚於朝野彬彬爲一時禮法所宗是豈悍然自外名教者而議者以爲主靜之學純得之禪非惟不知二陸且不知所謂三禪矣張南軒素與九齡不相識晚年修書講學期以世道之重呂東萊稱九淵所志者大所據者實必造於至平至粹之地而後止豈非修齊兼至蔚爲大儒哉考亭聞九淵沒謂門人曰可惜死了一告子異同之見不免過甚矣

史彌鞏初入太學升上舍以從兄彌遠柄國寄理（未仕避嫌謂之寄理）不獲試淹抑十載始登進士端平初入監都進奏院嘗應詔上書

曰天倫之變世孰無之陛下友愛之心亦每發見洪咨夔所以
蒙殊知者謂霅川之變非濟邸本心濟邸之死亦非陛下本心
其言深有契聖心耳矧以先帝之子今上之兄乃使不能安其
體魄於地下豈不干和氣召災異乎時有鄧若水者亦上言曰
行大義然後可以弭大謗收大權然後可以固大位寧宗晏駕
濟王當繼大位也廢黜不聞於先帝過失不聞於臣民彌遠不
利其立矯命棄逐并殺皇孫曾未半年竟隕于溯揆以春秋之
法非弒乎非篡乎天下止歸罪彌遠者何也倉卒之間非所得
知諒陛下必無是心也今已踰年矣而乾剛不决威斷不行無
以大慰天下之望昔之諒者今或疑其有昔之謂不知者今或

疑其知陛下何忍以青天白日而受此汙辱乎

錄曰濟王之寃若水訟之可也彌鞏以弟而訟兄可乎有宋盛時呂端至鎖王繼恩而立眞宗當時豈不忌太子英明如史新恩之慮乎然而卒不能易者金匱之盟未寒玉葉之分匪遠人不得以遠間親新間舊也理宗之世有五國城之釁於前有十世孫之嫌於後天下事譬之傳舍寓處者不以爲恩居停者翻以爲福祇爲權姦靡漫而已而公義直道未可謂秦無人然卒不能救者彼方以紾臂爲得援立爲恩何暇徐行後長而爲泰伯季子之事乎則亦無怪其然矣

曹友聞友諒武惠王十二世孫也兄弟俱有大志登寶慶初進

士辟天水軍教授天水被圍友聞糾民厲戰兵退自是弟友諒及萬各以武畧知名檄守仙人關元兵入大安友聞與萬各率所部間道斬其將復與友諒往來督戰解靑野原之圍元軍十餘萬將至友聞謂衆寡不敵唯當乗高據險出奇設伏以待之乃遣萬友諒引兵上雞冠隘多張旗幟示敵堅守友聞選精鋭容往流溪設伏約鳴鼓舉火爲應元兵至萬出逆戰友聞疾馳至隘下會大風雨雨軍素以綿裘代鐵甲經雨濡濕不能舉友聞嘆曰此殆天乎兄弟皆戰死

錄曰宋事至此雖有智者莫能爲矣何也自似道之開邊釁也元人固嘗躪階成而擾興沔穿金房以瞰襄樊矣尚賴仙

源有以議後而蜀道得以安全也及友聞既死全蜀俱亾長江之險彼已得其勝槩順流直擣何所恃哉其勢不至於航海遁逃不已也此曹氏兄弟上不愧武惠下無忝所生死有重於泰山關於宗社豈可以常戰目之乎

王元伯與兄宣伯四世不異爨家人百餘口無閒言宣伯卒家事付姪執執辭曰叔父行也宜主元伯曰姪宗子也相讓既久卒以付執縉紳之家自謂不如諸婦亦各聚一室爲女工畢斂貯一庫室無私藏至幼稚亦相與共乳一婦値歸寧留其子衆婦不問孰爲已兒兒亦不知孰爲已母

錄曰史稱江州陳氏有犬百餘共一牢食一犬不至諸犬亦

不食又云張孟仁家貓爲人竊去犬哺其兒皆和氣所感此理之未必然者若此幼稚啼泣諸母見之卽爲抱乳自是實情想見家庭之間純乎太和元氣惟恐縉紳之家尤不如矣

按叔父如父於叔不遜是怠其父而姪係宗子則亦與祖爲體尊祖豈可卑其主祀之宗子乎故二人相讓情之所宜卽皆義之所在也唐靈武節度李光進與弟光顏甚友愛光進妻死値父喪母委光顏妻以家政母卒後光進再娶光顏使其妻奉管鑰籍財物歸於其姒光進返之言弟婦逮事先姑姑命主家政不可易因相持泣數日卒屬於娣此與元伯讓姪軏讓叔事正同夫人家庭之際未有不

睦於讓而乖於爭者搢紳爲鄉閭表率尤當動循禮法以風世方不愧大家之目豈可傷賊天性而貽羞古人哉

闕里誌孔諴字崇伯宣聖五十七代孫父希鳳生六子諴其長也次評讜論謹診崇伯撫愛之尤篤平居一飯必共案出入必聯轡弗至則停筯立馬以俟無倦容親朋至者命酌呼諸弟以次酬勸講論典墳賡唱詩句亹亹數百言可聽可愛諸弟薫而良善者多族長屢以勗其族人曰若等能如崇伯昆弟足矣鄉魯士大夫之談者咸以爲孔氏良子弟及卒相與爲位哭之私謚曰敦友

錄曰孔子曰朋友切切偲偲兄弟怡怡義之所裁各有攸宜

若敦友者可謂能念爾祖矣宜乎族長取以勗聖裔而爲鄒魯士大夫之所取法也

按鄒魯風俗尙質直崇儉樸婚祭賓宴歲時問遺一切吉凶諸禮不侈華飾出者旣將之以素受者未嘗以爲慳吝而非之與江淮以南風氣大别由其地高土厚質性眞實而聖賢之鄉流風餘韻涵濡漸染忽不自知其來已非一日矧諒身爲大聖嫡裔迥振儕類爲鄒魯士大夫敬愛理固宜然詎非克家之子與蓋前人有美後難爲繼世家之子人所厚望兼招忌嫉稍或不檢便頃刻喧騰百善難補此柳玭所謂門第高者可畏不可恃也諒一儒生而能型

於里族歿有私謚誠可上纘安國道輔之緒者若區區賜靈壽杖之子夏雖位爲三公有何善可錄邪　又按闕里之名首見漢書梅福傳孔子時無有也後魯恭王徙魯于孔子所居之里造雙闕焉因名孔子居曰闕里水經注云孔廟東南五百步有雙石闕卽靈光之南闕是也肇域記於曲阜縣則引魯世家煬公築茅闕門謂闕之名始此不知此是魯兩觀魯象魏在雉門之旁者孔子一韋布而敢居外朝之地哉比而同之者誤矣至家語云顏繇字季路少孔子六歲孔子始教於闕里而受學焉集註引此削去闕里二字可見朱子考据之精詳而家語爲漢儒贋本明

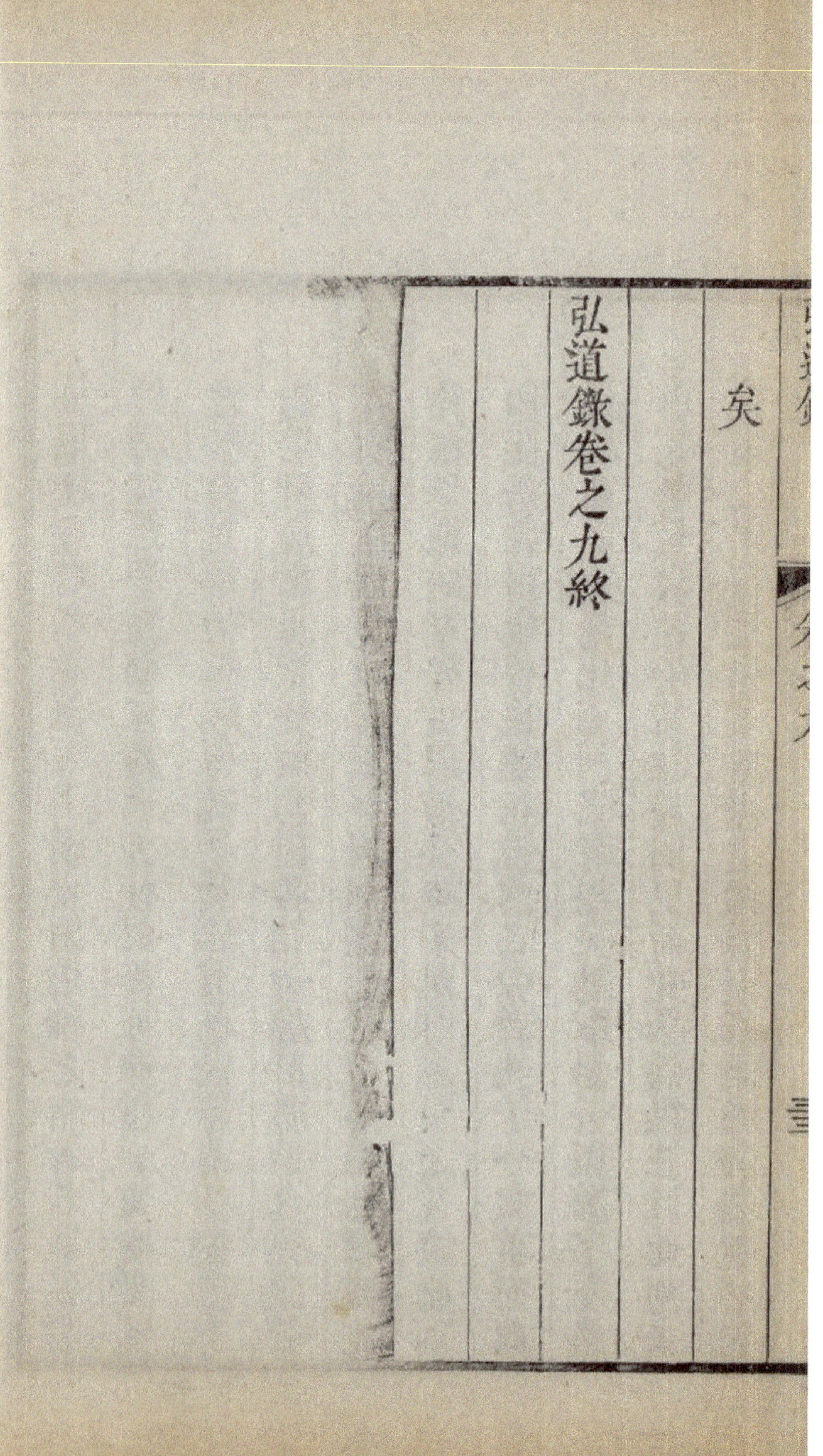

矣

弘道錄卷之九終

弘道錄卷之十

明刑部員外郎仁和邵經邦弘齋學

皇清詹事府少詹事四世孫遠平補案

朋友之義

孟子用下敬上謂之貴貴用上敬下謂之尊賢貴貴尊賢其義一也

錄曰夫所謂之泰者非堯舜之時乎何以爲上下交也夫爾我並立勢相等倫朋友之道狹矣充其道必若以天子友匹夫而不爲詘匹夫友天子而不爲僭然不詳於天道祇見用下敬上者順而易用上敬下者逆而難孰肯輕身以先於匹

夫哉後世有下堂而見諸侯者豈得謂之尊賢而當時之所謂賢者舍孔孟均之諂與瀆也故孔子守拜下之禮孟子闢尊賢之義其意一而已矣

書說命台小子舊學于甘盤既乃遯于荒野入宅于河自河徂亳暨厥終罔顯爾惟訓于朕志若作酒醴爾惟麴蘖若作和羹爾惟鹽梅爾交修予罔予棄予惟克邁乃訓

錄曰兌之爲卦也兩澤相麗君臣胥悅也兩澤相麗者交相滋潤互有浸灌之益君臣胥悅者交相勸勉共享太平之休故其象爲朋友講習其道爲學焉後臣然其始也以陽爻居體而最下故舊勞于外至若商兌未寧故又遯于荒野入宅

于河及其至也上感天象下順人心介然有喜而慶澤無不流矣此高宗之治所由成也苟牽於和兌之吉狃於來兌之凶及其至也引其邪兌之私則陰盛陽消小人衆而君子獨其害有不可勝言者此九五之君不可不兢兢而儆懼也聖人著於辭曰孚于剝有厲不可爲殷鑒乎

洪範惟十有三祀王訪于箕子曰嗚呼箕子惟天陰騭下民相協厥居我不知其彝倫攸敘箕子乃言曰我聞在昔鯀陻洪水汨陳其五行帝乃震怒不畀洪範九疇彝倫攸斁鯀則殛死禹乃嗣興天乃錫禹洪範九疇彝倫攸敘一五行一曰水二曰火三曰木四曰金五曰土二五事一曰貌二曰言三曰視四曰聽

五曰思三八政一曰食二曰貨三曰祀四曰司空五曰司徒六曰司寇七曰賓八曰師四五紀一曰歲二曰月三曰日四曰星辰五曰曆數五皇極皇建其有極斂時五福用敷錫厥庶民惟時厥庶民于汝極錫汝保極凡厥庶民有猷有爲有守汝則念之不協于極不罹于咎皇則受之而康而色曰予攸好德汝則錫之福時人斯其惟皇之極人之有能有爲使羞其行而邦其昌凡厥正人既富方穀汝弗能使有好于而家時人斯其辜于其無好德汝雖錫之福其作汝用咎無偏無陂遵王之義無有作好遵王之道無有作惡遵王之路無偏無黨王道蕩蕩無黨無偏王道平平無反無側王道正直會其有極歸其有極六三

德一曰正直二曰剛克三曰柔克七稽疑乃命卜筮曰雨曰霽
曰蒙曰驛曰克曰貞曰悔凡七卜五占用二衍忒八庶徵曰雨
曰暘曰燠曰寒曰風曰時五者來備各以其敘庶草蕃廡一極
備凶一極無凶九五福一曰壽二曰富三曰康寧四曰攸好德
五曰考終命六極一曰凶短折二曰疾三曰憂四曰貧五曰惡
六曰弱

錄曰此皇極敷言之訓箕子以告武王得道統之傳者在是不可以泛然目之也彝者至常而不可易之謂也洪者至大而不可窮之謂也倫者殷因於夏周因於殷理之一定也範者禹以是傳之湯湯以是傳之文武周公法之大同也此非

箕子莫之能得非武王莫之能聞而遂以傳之天下萬世爲人君者其可不知哉

按洪範九疇天所錫禹其首曰五行是天以陰陽五行化生萬物五行即天道也然謂之洪範廣大悉備修巳治人之道無弗範圍非專主五行也乃漢儒竟以此論五行災祥如夏侯勝引洪範傳而曰時則有下謀上者李尋引洪範傳而曰鼓妖主空名得進者雖有切驗而入術數非洪範本旨矣至劉向又集上古迄秦漢符瑞災祥推迹行事著其占驗爲十一篇曰洪範五行傳而班固五行志因之則但據休咎福極徵應而穿鑿傅會淪爲占驗之書非體

天爲君之大道矣武王所訪箕子所陳寧僅以此爲務邪要之初一次二以至於九一疇自有一疇之用中有次序不因洛書而演之也是時禹治水洛書適獻龜背之文有九而禹演疇之數亦有九九爲陽數數偶相同耳孔安國關朗劉向父子必謂洪範出於洛書則已認定爲卜筮之書又何怪其論之偏也

禮運仲尼與於蜡賓事畢出遊於觀之上喟然而嘆言偃在側曰君子何嘆孔子曰大道之行也天下爲公選賢與能講信修睦故人不獨親其親不獨子其子使老有所終壯有所用幼有所長矜寡孤獨廢疾者皆有所養男有分女有歸貨惡其棄於

地也不必藏於己力惡其不出於身也不必爲己是故謀閉而不興盜竊亂賊而不作故外戶而不閉是謂大同今大道旣隱天下爲家各親其親各子其子貨力爲己大人世及以爲禮城郭溝池以爲固禮義以爲紀以正君臣以篤父子以睦兄弟以和夫婦以設制度以立田里以賢勇知以功爲己故謀用是作而兵由此起禹湯文武成王周公由此而選也

錄曰夫子何以有是嘆也中天下而立定四海之民君子欲之故有是嘆也何以必於偃也蓋偃以禮樂爲治者也禮樂之治大用之則爲大同小用之則爲小安大同者視天下爲一家民物爲一身千萬世爲一日小安者期月而已可也三

年有成可也吾其爲東周亦可也非偃何足與有言哉或疑以爲非夫子之言則過矣

論語顔淵問爲邦子曰行夏之時乘殷之輅服周之冕樂則韶舞放鄭聲遠佞人鄭聲淫佞人殆

錄曰孔子嘆大道之行與三代之英者豈徒誦説向慕而已哉其所以斟酌於胸中反覆於念慮必有百王不易之大法千古常行之大道故他日又語顔淵曰用之則行舍之則藏惟我與爾有是夫夫用之者大則爲唐虞次則爲三代非細小措置已也此孔門切磋之義有關於天下國家千秋萬世之業不可以虛文視之故以繼四聖之後焉

詩大雅天生烝民有物有則民之秉彜好是懿德天監有周昭假于下保兹天子生仲山甫仲山甫之德柔嘉維則令儀令色小心翼翼古訓是式威儀是力天子是若明命使賦仲山甫出祖四牡業業征夫捷捷每懷靡及四牡彭彭八鸞鏘鏘王命仲山甫城彼東方四牡騤騤八鸞喈喈仲山甫徂齊式遄其歸吉甫作誦穆如清風仲山甫永懷以慰其心

按山甫徂齊城彼東方說者謂齊受封在武王時豈前此無城乎傳曰諸侯之居逼隘則王者爲遷其邑而定其居史記齊獻公元年去薄姑遷臨菑當夷王時葢遷於夷王時至是始城之也列國之城必王朝遣臣董其役觀後溥

彼韓城燕師所完可見自厲王流彘畿內諸侯已不知有天子齊遠在東偏而必請命宣王又特遣賢臣以應其請則齊肯尊周與宣之能用賢灼然並著且以見中興威令煥然一新此詩人揚嬍之本意也

小雅彼何人斯其心孔艱胡逝我梁不入我門伊誰云從惟暴之云彼何人斯其爲飄風胡不自北胡不自南胡逝我梁祇攪我心伯氏吹壎仲氏吹篪及爾如貫諒不我知出此三物以詛爾斯爲鬼爲蜮則不可得有靦面目視人罔極作此好歌以極反側

錄曰樊與尹暴與蘇皆王朝卿士而義則朋友也其詩或如

淸風或如飄風蓋世治則人皆好德而夙夜匪懈譬之天高日朗自不覺其暢然也世衰則人盡鬼蜮而讒口交張譬之波蕩風靡亦不覺其異態也二風作周道別矣所謂能興觀者以此抑蘇旣絕暴而不著其譖則又可以怨矣

通鑑王將殺杜伯而非其罪其友左儒爭之九復之而不許王曰汝何別君而異友也儒曰君道友逆則順君以誅友友道君逆則順友而違君王怒曰易而言則生不易則死儒曰士不枉義以從死不易言以求生臣能明君之過以正杜伯之無罪王殺杜伯左儒死之

錄曰杜伯之事不可考然以一死而爭之九復左儒可謂篤

於義矣雖然别君而異友則廢友友道而君逆則違君無已歸過於已以代之乎將并死而無益乎

左傳士伯士會荀林父皆晉卿也士伯使秦以召公子雍林父止之曰夫人太子猶在而外求君此必不行盍以疾辭不然將及攝卿以往可也何必子同官爲寮敢不盡心乎弗聽爲賦板之三章又弗聽及趙盾背士伯立靈公士伯亡荀伯盡送其帑及其器用財賄于秦曰爲同寮故

錄曰荀伯之論善矣何以不於公朝言之而私議於茂乎時衰與盾父子秉政乃心晉室立長之議既大賴秦之心方堅賈季一召公子樂使人殺之季之出奔正以此與六年晉狐射姑殺陽

處父出奔傳以爲侵官又以爲漏言皆非是　嗚呼不聞芻蕘之言卒起令狐之役重釁叠難晉之喪亡亦幾矣所謂我卽爾謀聽我囂囂正以爲盾也惜乎無以語之者

按襄公既有屬子之言則盾自宜恪遵遺命立嗣以適乃忽生貳心擅主廢立致秦送雍賈召樂紛紛擾擾咎將誰歸夫立君何等大事乃不慮之於前善之於後及來君母之責啟隣國之釁僅恃威力動衆勞師是以三軍之生命國家之元氣供我一擲豈大臣持國之道卒之殺樂拒雍走賈季先蔑士會盾此舉實無人臣禮害同僚友甚多而後人猶以爲賢何邪至靈公末年決意殺盾但以數諫爲

憎而其初不以廢已爲嫌不若漢文之於朱虛侯宋眞之

於胡旦等則知古之法綱尚疎也

及先蔑奔秦士會從之在秦三年不見其人曰能亡人於國不能見於此焉用之士會曰吾與之同罪非義之也將何見焉及歸遂不見

錄曰此隨會所由返國而士伯所以無宗與夫伯晉之正卿其往秦也夫人太子猶在旣不能直言匡諫以伸匪躬之義及荀伯之賦又不能見幾而作以盡寮友之情進退皆無據矣使士會拘於小節不知自愛憧憧往來朋從爾思則失其正固之道不能無成有終矣故易曰未感害也其用意深哉

史記管夷吾鮑叔牙者友也夷吾少困時爲鮑叔賈分財多自與鮑叔不以爲貪知其貧也爲鮑叔謀事而大窮困鮑叔不以爲愚知時有利不利也三仕三見逐於君鮑叔不以爲不肖知不遭時也三戰三北鮑叔不以爲怯知其有老母也所事公子糾敗幽囚受辱鮑叔不以爲無恥知其不羞小節而恥名不顯於天下也故夷吾嘗曰生我者父母知我者鮑叔

按朋友輕財非故使已博好施美名而詒貧交以貪利之誚也蓋友以義合而賢者多略於治生緩急時有非得知已者周之爾我計量則友義幾廢矣故視義重不得不視利輕也然取受頻叠而略無厭倦從來人情所難管子分

財多自與則非一次可知而鮑叔深知其貧并無德色千古而下寧不動人慨想哉獨奈何異時霸功顯爍無人不知管子才而此際備極潦倒被人鄙棄不屑道者比比然也安得盡如鮑子者諒之而且重之耶蘇秦如趙逢隣子易水上從貸布一匹約貴後償千金吝不與世情大槩如此何足深怪若管子諸拙畢具鮑子爲之曲解不休寧不曰蔽於所愛護前遂非乎

藺相如完璧歸趙王以爲上卿位在廉頗之右頗曰我見相如必辱之相如聞之每朝常稱病不出或望見輒引車避匿其舍人以爲恥相如曰子視廉將軍孰與秦王夫以秦王之威而相

如廷叱之辱其羣臣相如雖駑獨畏廉將軍哉顧吾念之彊秦之所以不敢加兵於趙者徒以吾兩人在也今兩虎共鬬其勢不俱生吾所以爲此者先國家之急而後私讎也頗聞之肉袒負荆至門請罪遂爲刎頸交

錄曰自管鮑廉藺之名著古今莫不以爲美談然觀其所論廼在血氣用事之間非有道德相成之義所謂王期於王霸期於霸大抵如此雖然世衰道微時則有若孫龐范魏蘇張之徒往往折脇刖足甘心盡命以圖報復時君不悟反爲之聚怨酬恩一毫不爽譬則閭閻之稚爾汝相戲而報施不稱不免鬩然而怒使其父母賢也爲之謝過不賢未有不爲里

聞之羞者然則四子之事其賢矣乎

魯仲連者好奇偉俶儻之策以高節遊於諸侯趙孝成王時秦兵圍邯鄲魏安釐王使將軍晉鄙救趙畏秦止于蕩陰不進使客新垣衍因平原君說趙欲共尊秦爲帝以却其兵連聞之往見衍曰彼秦者棄禮義而上首功之國也彼即肆然爲帝則連有蹈東海死爾不願爲之氓也今秦萬乘之國也梁亦萬乘之國也從而帝之秦將行天子事以號令天下變易諸侯之大臣彼將奪其所不肖而與其所賢奪其所憎而與其所愛梁王安得晏然已乎衍起再拜曰吾乃今知先生天下士也

錄曰魯連之不肯帝秦其志則大矣其號則不可曷不曰天

尊地卑乎周天子也秦諸侯也列國亦諸侯也以周在上而
復帝秦是太陽之尊下同萬物蒼生何由仰照連有蹈東海
死爾豈不名正言順哉或曰戰國所趨者利所避者害苟不
爲利秦之貪何由塞不有害諸侯之救何由至哉曰非然也
蓋秦嘗帝矣稱而復去民無所措手足也苟不畏天無二日
民無二王之義何至却軍五十里乎或曰連之言前後不倫
豈太史之述作乎要之鄒魯守禮義之國孟氏醇乎醇者也
連與兩生大醇而小疵者也

按戰國說士欲行吾說在知其所恃而奪以懼之此仲連
變易大臣之說所以瞿然起衍之再拜也從來廿以人國

與人者皆謂君之宗社雖亡已之富貴常在苟一猶豫未免他人我先不可保矣然易姓之後往往不忠賣國見輕於新君或反罹禍患或委棄不用追悔無及惜當時無旁觀者以言悚之耳衍此時爲將軍擁厚祿握重權妻子之奉宮室輿服之安倘一變易寧不大懼其意氣消沮徬徨欲已勢不得不然矣三國時吳欲迎操孔明以銅雀臺貯二喬爲諷而後周瑜决計與蜀并力鄙夫謀國寧及謀家故欲行吾說必探其情以奪之斯吾意無不遂也

趙良見商君問曰子觀我治秦孰與五羖大夫賢良曰五羖大夫荆之鄙人也穆公舉之牛口之下加之百姓之上秦國莫敢

望焉相秦六七年而東伐鄭三置晉君一救荆禍其爲相也勞不坐乘暑不張蓋五羖大夫死秦國男女流涕童子不歌謠舂者不相杵今君之從政也陵轢公族殘傷百姓公子虔杜門不出已八年矣君又殺祝驩而黥公孫賈詩曰得人者興此數者非所以得人也君之危若朝露而尚貪商於之富寵秦國之政畜百姓之怨秦王一旦捐賓客而不朝秦國之所以收君者豈其微哉商君弗從居五月而難作

錄曰以商君之威而容趙良之說豈其未泯之良心與虎狼暴矣食人而號欲生之德猛獸尚有之特不勝其欲焉耳商君之始豈遽欲爲虐一至此乎亦不勝其欲之心以爲不如

是不足以動孝公而饗目前之大利至於身後之大患非不較然明也則雖正言而何至逢怒哉惜乎良之說有未盡也夫鞅之廢井田開阡陌先王之法至是而殆盡者果誰之尤雖擢髮不足以數之豈謂謬而可盡邪雖然良無足怪蘇氏號爲賢者以車裂爲足以報其亡秦之罰然則先王之法置而不問可乎

漢書嚴光少有高名與光武同遊學及即位乃變姓名隱身不見帝物色訪之齊國上言有一男子披羊裘釣澤中帝疑其光乃備安車聘之三反而後至舍於北軍給牀褥大官朝夕進膳司徒侯霸與之素舊遣使奉書曰聞先生至欲即詣造迫於典

司是以不獲願因日暮自詘語言光不答但投札與之曰君房足下位至鼎足甚善懷仁輔義天下悅阿諛順旨要領絕霸得書奏之帝笑曰狂奴故態也車駕即日幸其館光臥不起帝即光臥所撫其腹曰咄咄子陵不可相助爲理邪不應良久乃張目熟視曰昔唐堯著德巢父洗耳士故有志何至相廹乎帝升輿嘆息而去復引入論道舊故帝從容問曰朕何如昔時對曰差增於往因共偃臥光以足加帝腹上明日太史奏客星犯帝座甚急帝笑曰朕故人嚴子陵共臥耳除諫議大夫不屈乃耕于富春山後人名其處爲嚴陵瀨

錄曰愚觀嚴光有不可留者五而三公不與焉夫不觀孔子

無以見仁義之中正不參孟子無以達去就之權衡光雖不效已甚之行而有何至相廹之語此不見諸侯之義一也及其至也以故人招之惟當以故人處之亦義也夫大夫之招招虞人虞人死且不徃然則諫議之招招故人故人其肯留乎二也晉繆公無人乎子思之側則不能安子思彼侯霸亦何為者觀其日阿諛順旨要領絶與責子絶長者同義而謂尚可留乎三也貴易交富易妻帝且不難於自言而能久而敬者鮮矣四也博士如范升客星如太史一薛居州獨能相助為理乎五也向使尊以三公書名雲臺不過一世之士而釣臺崔嵬實為萬世之士易不云乎君子幾不如舍其斯子

陵之謂乎

按光武故人尚有牛牢帝微時嘗曰作天子安知非我諸公請各言爾志牢獨無言帝堅邛之曰大丈夫立志不與帝王周旋後累徵不赴郡守奉詔存問則披髮不答其品更過於光蓋光武非不負故劍者也觀其羨麗華之言與湖陽公主之語情可見也范蠡謂越王長頸烏喙可與共患難不可共安樂與光同一高致非所謂君識臣臣亦識君者乎　又按天官家言客星有五一名周伯色黃見則有兵起衆庶去其鄉一名老子色白淳淳然所出之國爲饑爲凶常出則人主有憂一名王蓬狀如粉絮拂拂然若

有喪白衣之會則見其國又曰風雨不如節物不生五穀不成登一名國星有芒角見則國多變若有水饑一名温星狀如風摇動常出四隅當暴骸千里由此觀之皆非祥星况敢干帝座乎漢武微行逆旅家婢壻操刄入戶則客星見京房以譖死而客星入市爲無辜之驗事載漢書則嚴陵客星占者之謬可見矣故涑水資治不載此語殊有見解

廉范與洛陽慶鴻初爲刎頸交人稱前有管鮑後有慶廉時隴西太守鄧融備禮謁范爲功曹後融爲州所舉案徵下獄范乃變姓名求代廷尉獄卒衛侍左右後又辟公府會薛漢坐誅故

人門生莫敢視范獨收歛其尸候吏以聞顯宗大怒召見責曰薛漢與楚謀反范公府掾不與朝廷同心而反收歛罪人何也范曰臣無狀不勝師資之情帝稍解曰卿廉頗後邪與右將軍裒大司馬丹有親屬乎對曰裒臣曾祖丹臣祖也帝曰怪卿志膽敢爾因貰之由是顯名肅宗崩范奔赴敬陵適廬江掾嚴麟奉章弔國塗深馬死不能進范命從騎與之馬不告而去麟事畢不知所歸或曰故蜀郡太守廉叔度好周人急今奔國喪獨當是耳遂牽馬造門果然

録曰史稱廉范以氣俠立名觀其振危急赴險阨有足壯者

亦可以信意而感物矣明帝加怒以發其志始以莪戮終更

延寵古今所罕聞也若乃五袴之事何足爲叔度多耶至慶鴻行事不多見其幸而藉范以傳也友之所繫大矣

按東漢之初矜尚節槩有匹夫不可奪之志有百折不能挫之勇友道伸於下主威莫得而移每示優容漸成風氣若莊光廉范輩非開此日之先者乎同時滎陽鄭弘其師焦貺亦以楚獄逮繫道死妻子禁獄中弘髡頭負斧鑕伏闕訟貺寃亦邀顯宗之赦厥後雷陳繼起不聽刺史之辟魏邵嗣與賣郡邸廨以減史弼之罪浸假漸靡顧厨俊及聲稱鑣起迨於誅戮禁錮而後國勢隨之蓋國所與立惟士而士之節槩扶植則興傷斲則喪宋室以聚奎始以講

學終在朝在野皆有賴於得朋之慶如此

桓帝初受學於甘陵周福及即位擢福爲尚書時同郡河南尹房植有名當朝鄉人謠曰天下規矩房伯武因師獲印周仲進

後汝南太守宗資任功曹范滂南陽太守成瑨亦委功曹岑晊二郡謠曰汝南太守范孟博南陽宗資主畫諾南陽太守岑公孝弘農成瑨但坐嘯因此流言傳入太學諸生更相褒重學中語曰天下模楷李元禮不畏强禦陳仲舉天下俊秀王叔茂並危言深論自公卿以下莫不畏其貶議屣履到門

錄曰孟子稱伊尹管仲學焉後臣然則因師獲印何足異哉

漢自桓榮稽古所謂學與師者不過專門章句卒無啟心沃

心之益一旦規模楷範屬之他人而因師獲印無足多尚頋不知自反而乃互相譏揣各樹朋徒此何謂哉夫以帝王莫如學學莫如務求師至於同心同德信任不疑正君子所深幸興學育才至於三萬亦後世所罕逢不以成頌而反以成隙蓋光武以辭說典故亦以言吉衰而爲之譌者雖曰出於偶然其殆莫之爲而爲也與

時天下名士稱號竇武劉淑陳蕃爲三君君者言一世之所宗也李膺荀昱杜密王暢劉祐魏朗趙典朱寓爲八俊俊者言人之英也郭林宗宗慈巴肅夏馥范滂尹勳蔡衍羊陟爲八顧顧者言能以德行引人也張儉岑晊劉表陳翔孔昱范康檀敷翟

超爲八及及者言其能導人追宗也度尚張邈王考劉儒胡母班秦周蕃嚮王章爲八厨厨者言能以財救人也

錄曰八元八愷身尊道高顧厨俊及身詘道喪何懸絶若此乎葢三代以上政出於一而賢能爲實用三代以下政出於二而才藝爲忌端周禮冢宰以八柄詔王馭羣臣奚容岐而二之哉若使彼予而此奪彼廢而此置彼生而此殺雖堯舜不可一日居況桓靈之世乎學校者禮義之所出非威辟之所關也孔門弟子記顏淵等十人而并目其所長當時不以爲異後世不以爲嫌未聞其招禍也苟不在其位不謀其政惟以禮義廉節互相維持則顧厨俊及之名又可少哉

按顧厨俊及之名歆動一時禍延數世未免爲有識者所竊嘆是故上士無名中士避名下士求名士無貴乎有名也况乃殊方異姓之人萃聚聯聲互相標榜以號召鄉閭推重天下尤非士所宜有范孟博言曰吾欲使善善同其清惡惡同其汚夫善善同其清可矣惡惡同其汚何示人以不廣也善疾惡則惡亦疾善寧不激而爲難故朋黨之隙由正人自開之曷不云善善同其清俾惡者同歸於善乎考黨之名始此其時遭禍甚酷變跡遠遁繫及親友錮連子孫亦前後未經見之事嗣後唐有牛李而極於投清流宋有洛蜀而極於禁僞學亦是太學生徒蠭起飈發卒

至不死不休士氣凋喪國運隨之蓋處士橫議自由東漢之失政而苟爲君子儒亦何可過激以成亂也

李膺性簡亢無所交接唯與同郡荀淑陳寔爲師友荀爽嘗就謁膺因爲其御旣還喜曰今日得御李君矣時張讓弟朔爲野王令貪殘無道聞膺厲威嚴懼罪逃匿讓第藏合柱中膺知其狀破柱取朔付洛陽獄受辭畢卽殺之讓訴於帝詔詰以不先奏請膺對曰昔仲尼爲魯司寇七日而誅少正卯今臣到官已積一旬私懼以稽留爲愆不意獲速疾之罪帝顧謂讓曰司隸何愆乃遣出之自此諸黃門常侍皆屏氣休沐不敢出宮省帝怪問故並叩頭曰畏李校尉是時朝廷日亂綱紀頹弛膺獨持

風裁以聲名自高士有被其容接者名爲登龍門

錄曰愚觀膺之破柱成獄臨軒正辭至今凜然猶有生氣矧一時閹豎寧不竦然屏息乎然不知維辟作福維辟作威威福之柄自上而下吾從而執之夫誰曰不可時皇德不綱宦濁同軌而膺獨持風釆其所予奪廢置與朝廷曾不相及則是威福之柄自我而將非自上而出也故小人得指以爲辭謂更相扳舉迭爲唇齒有不合者見則排斥嗚呼彼不合者正乎邪乎扳舉者是乎非乎彼之非上初不覺而此之是人莫與知於是正者反以爲邪而邪者得以害正矣然則坐視而不救可乎否之九四曰有命無咎疇離祉象曰有命無咎

志行也故君子寧正辭直言以懾姦回定國是無專殺擅誅以禍同儔殃善類也豈得已哉

范滂少厲清節爲州里所服舉孝廉光祿四行時冀州饑盜賊羣起乃以滂爲清詔使按察之滂登車攬轡慨然有澄清天下之志及至境守令自知贓汙望風解印綬去其所舉奏莫不厭塞衆議及黨獄起桓帝使中常侍王甫辯詰以次及滂滂曰臣聞仲尼之言見善如不及見惡如探湯將欲使善善同其清惡惡同其汙謂王政之所願聞不悟更以爲黨古之循善自求多福今之循善身蹈大戮身死之日願埋滂首陽山側上不負皇天下不愧夷齊甫愍然爲之改容

錄曰愚觀孟博之對未嘗不潸然流涕也禹之言曰堯舜之民皆以堯舜之心爲心方是時也九官十二牧濟濟相讓充滿於廷天下未嘗不同以爲淸也四凶之罪投竄誅殛曾不少貸天下未嘗不同以爲汙也如使善而不淸何貴乎善惡而不汙何賤於惡降至春秋之時雖曰人心不古然而三都之墮少正之戮不遺餘力故曰斯民也三代之所以直道而行也嗚呼何不幸而生於孟博之世邪不旋踵間而外兵內難重釁疊禍此豈天之降衷哉良由人之貪亂寧甘荼毒其實蓋不可道已

晉書王裒家貧躬耕諸生有爲割麥者遂至棄之知舊致遺皆

不受門人爲本縣所役告袁求囑令袁曰子學不足以庇身吾德薄不足以蔭子囑之何益且吾不執筆已四十年矣乃步擔乾飯兒負鹽豉草屩送所役生到縣安丘令以爲詣已也整衣出迎袁至磬折而立云門生爲縣所役故來送别因執手涕泣而去令卽放之一縣以爲恥鄉人管彥少有才而未知名袁獨謂後當自達拔而友之北海邴春少立志操寒苦自居負笈游學鄉邑僉以爲邴原復出袁言春性險狹慕名終必不成其後春果無行學業不終有識以此歸之

錄曰袁之不受門人囑也由其不受門人穫始也其不答安丘令也由其不向西面坐始也不然勞役不恤人必以爲迂

整衣不答人必以爲簡雖然以節行著聞之流而親爲擔飯負屬之舉則其不屬者乃所以深屬之與

唐書秦王世民以海內寖平鋭情經術乃開館宮西延四方文學之士出教以杜如晦房玄齡虞世南褚亮姚思廉李玄道蔡允恭薛元敬顏相時蘇勗于志寧蘇世長薛收李守素陸德明孔穎達蓋文達許敬宗共一十八人並兼文學館學士分三番更日直宿伺朝謁之暇討論經典文籍與議天下事或至夜分使閻立本圖像褚亮爲贊號十八學士士大夫得預其選者時人謂之登瀛洲

錄曰孟子之時桃應問曰舜爲天子臯陶爲士瞽瞍殺人則

如之何萬章又曰象日以殺舜爲事及爲天子則放之此非有所爲也預講而宿難之何哉以唐之天下皆太宗之功欲其如舜之不與固亦難矣惜乎諸賢並進曾無一及於桃應萬章者公暇之所討夜分之所論非富貴之筌蹄則功名之膾炙以是知大聖大賢平日所以處人倫大變必有素定初非偶得所以預講而宿難者非其迂濶不情而實則鑿然可據夫登瀛洲之選所能與哉

太宗即位置弘文館聚四部書二十餘萬卷選天下文學之士虞世南褚亮姚思廉歐陽詢蔡允恭蕭德言等並以本官兼學士令更日宿直聽朝之隙引入內殿講論前言往行商確政事

與討古今道所以成敗日昃夜艾未嘗少怠又取三品以上子孫充弘文館學生

錄曰湯克夏嘗修文德矣曰聖敬日躋也而未聞置弘文之館也周克殷亦敷文教矣曰彝倫攸敘也而未聞聚四部之書也唐以方輿之運矧其君有邁世之資使能加意於聖敬黽勉於彝倫而不爲口耳見聞之學則貞觀之治豈直如斯而已哉大抵帝王之學與經生異誇多鬭靡者經生之學也守約施博者帝王之學也然則兩言爲有餘矣其於二十餘萬卷乎何有

按更日宿直講論前言往行卽今講官之職而商確政事

則實兼内閣機務矣任重責大自非文學二字所可備員

塞望誠取二帝三王之道修齊治平之理而倣法之討論

之庶幾有裨實用觀太宗當日施行愛子並嫡以致儲位

之移弟妻得寵而負辰嬴之累求士䙝女而殺盧祖尚張

藴古劉洎諸人甚者用兵外域擊高昌滅延陁擾巴蜀而

朝鮮之征喪師無筭幾爲亡隋之續其夜分日昃之所講

求商確者安在乎惠愛之實政不被乎當時格心之敷陳

不傳之後世世南等雖居可爲之位而非有爲之才僅博

學士弘文之名而已

京兆李泌幼以才敏著聞玄宗使與太子爲布衣交稱之曰先

生而不名後隱居潁陽肅宗立遣使召之謁見于靈武上大喜出則連轡寢則對榻如初交時事無大小一皆咨之言無不從至於進退將相亦得與議屢欲用爲相泌固辭曰陛下待以賓友則貴於宰相多矣何必屈其志乃止

錄曰肅宗以泌爲賓友不可乎正良娣之后辨建寧之誣敦太上之禮建功臣之議井井乎開導切磋之義也使帝未即位之先泌苟早至其施爲何至如是草草乎惜乎心之未純信之未篤衡山之還無幾觀察之命旋出以泌之賢卒不免於末議故人處功名之際不可不持無欲自得之心也

狄仁傑同府參軍鄭崇質母老且疾當使絕域仁傑謂曰君可

貽親萬里憂乎諸長史藺仁基請代行仁基咨美其誼時仁基方與司馬李孝廉不平至是相語曰吾等可少愧矣每曰狄公之賢北斗以南一人而已

錄曰此與以柳易播同不錄此何以錄鄭之使不得已劉之貶得已也以北斗以南一人覘元和以下八子則固有不同矣此其所以異也

韓愈諍臣論或問諫大夫陽城可爲有道之士乎學廣而聞多不求聞於人行古人之道居晉之鄙人薰其德大臣聞而薦之爲諫議大夫五年矣在位不爲不久聞天下得失不爲不熟天子待之不爲不加而未嘗一言及於政問其官則曰諫議也問

其政則曰吾不知也有道之士固如是乎愈非以爲直而加於人也惟善人能受盡言謂其能聞而改之及裴延齡誣逐陸贄等帝怒甚無敢言者城乃守延英閤慷慨引誼累日不止聞者寒懼而城聲色愈厲帝大怒詔抵城罪皇太子開救得免帝意欲遂相延齡城曰延齡爲相吾當取白麻壞之帝乃止

錄曰愈之盡言非訐直也朋友有責善之義麗澤有商兌之益雖衆人所不敢言而愈言之易曰介疾有喜此韓子之意人固不得而測也城之不言亦非不言也利害有切於朝廷得失有關於君德必舉世不敢言而後言之易曰括囊無咎此陽子之意人亦不得而窺也天下事孰有大於置相者乎

以一盧杞顛沛危亡社稷幾於不保而延齡旋復蹈之賴城而止其功豈僅一人之適一事之間乎設使朝拜官而夕奏疏非惟忠告之義不顯而含章之美終無成矣此歐公之論余無取乎爾也

蕭穎士與李華同年相善天寶初穎士補秘書正字華爲監察御史名聞一時宰相李林甫欲見之穎士居父喪不詣至故人舍邀之反哭于門內以待林甫不得已弔之乃去怒其不下已服闋調廣陵叅軍韋述器其材薦以自代召詣史館會林甫方擅柄遂不屈免官及祿山寵恣穎士陰語柳并曰亂不久矣託疾遊太室山卒免於難有友殷寅顔眞卿柳芳陸據邵軫趙驊

時人語曰殷顏柳陸李蕭邵趙以能全其交也華少謹重尚然諾楊國忠支婭所在橫猾華劾按不撓其文辭緜麗少宏傑氣穎士健爽自肆時謂不及而華自擬過之初作含元殿賦穎士曰景福之上靈光之下又作弔古戰場文極思研搉已成雜置梵書之庋他日穎士讀之稱工問誰可及曰君加精思便能至矣愕然而服宗人翰亦以進士知名爲文苦澁常從皇甫曾求音樂每思涸則奏樂神逸則著文祿山之亂友人張廵守睢陽有言其降賊者翰序城守事迹撰列傳以上士友稱之

錄曰世稱蕭李齊名豈徒文與才擅若蕭之不屈於林甫李之見疾於國忠翰獨惓惓表暴張許之不降賊皆浩然節義

之徒也特所擬弔古戰場文及今具在後世有目者自能品題而雜置梵皮以希聲譽何示人不廣邪

按潁士文章才氣冠冕一時同儕誰不願望見顏色即其僕役數經箠撻至不堪受不惟畧無怨憾而依戀不忍釋去則其感人可知矣林甫欲見不過欲名故一不下不屈遂不勝忿怒謂之奐之其褊衷何竟出僕隸下哉夫文人恃才往往自銜故多不擇人而交以至身罹其咎若漢班堅唐柳厚之屬可見今蕭李諸君雖挾錦雲能判涇渭峻楊李之防表張許之節自是正誼明道而潁士先幾隱遁更屬明哲保身豈可僅以文士目之乎

宋史張詠與寇準布衣交也寇兄事張常面折不少恕不以貴而有所改寇之入相張時帥成都謂僚屬曰寇公奇材惜學術不足爾及後知陝張適自成都還寇嚴供帳大爲具以待將別送之郊問曰何以敎準詠徐曰霍光傳不可不讀準莫喻其意歸取光傳讀之至不學無術笑曰此張公謂我矣

錄曰詠之議準不學果何所見乎孔子曰如有周公之才之美使驕且吝其餘不足觀已準之欲人懷惠已非無我之公而拒人拂鬚甚失容人之量未免在朝則自伐其功在外則自矜其望功名所在切然動情豈惟不附孫奭之論而且迎合朱能之謀致使門人得而議之朋友從而惜之孤注之譏

無足怪矣使能讀書明理囂然自得平生事業豈復有如澶淵之役者哉功成之後奉身而退付是非得失於不聞天下後世之公論不啻如斯而已也然則能感雷陽之枯竹不能照汗簡之遺編矣乎

按寇既兄事𠂢崖而張常面折不恕則學術不足何不明告而乃作爲隱語豈萊公不能受盡言邪抑忠定不欲傷友誼也夫萊公性過剛直自高急進固是不學之故然能定國家之難大功全在澶淵一舉倘有學者於此見事明而利害辨必低徊審處度德量力以規萬全其功未必遽奏公惟胸無成案中不恇怯毅然決勝俄頃以摧大敵豈

斤斤繩趨尺步者所可比哉王欽若曰澶淵之役城下之盟也春秋恥之欽若引春秋自謂有學而但能修齋誦經是學未必得則公之不學未必失也初契丹掠深祁間小不利輒引去公曰此栣我也隨簡驍鋭扼要害四方方鎮絡繹布置如設網罟以待鳥獸自投確有先見故能必五日之可了請毋還內卽行耳不然天子之尊百官六師之衆可不豫戒治嚴而顧輕率如是哉蓋豪傑豁達成事類非儒生所能而儒生之學止可粉飾太平豈能奮擊勇決直性任眞以成非常之功也邪

歐陽修朋黨論畧曰君子以同道爲朋小人以同利爲朋小人

無朋惟君子有之蓋小人所好者利祿所貪者財貨當其同利之時暫相黨引爲朋者僞也及其見利而爭先或利盡而反相賊害雖兄弟親戚不能保故曰小人無朋君子所守者道義所行者忠信所惜者名節以之修身則同道而相益以之事國則同心而共濟故曰惟君子有朋君子之朋雖多而不厭爲君者但當退小人之僞朋用君子之眞朋則天下治矣

錄曰廬陵之論千百十言其旨歸不越乎周比和同兩辭而已至孟子又發善與利之說爲舜蹠之徒所由分夫徒同類也人君苟能究心聖賢之學深明義利之辨則君子小人不待較而自明矣仁宗天資粹美第少學問開導之是以邪正

互用當慶曆嘉祐間雖君子滿朝而小人並進迭爲治忽未能純乎元愷絶乎共兜以造雍熙之世一再傳而爲神宗王章蔡呂輩朋謀黨姦孶孶爲利而大亂作矣斯論也豈惟蓍龜之昭灼其千古之明鑑與

司馬光與范鎮同心友善士大夫論天下賢者必曰君實景仁嘗曰吾與子生同志死當同傳人亦無敢優劣之者既復相約後死者必爲志其墓故君實爲景仁傳畧曰呂獻可之先見范景仁之勇決皆予所不及也蓋二公用舍大節不謀而同如仁宗時論建儲英宗時論濮議神宗時論新法其言若出一人又嘗謂人曰吾與景仁兄弟也但姓不同耳至於論鐘律則反復

相非終身不能合一君子是以知二公非苟同者

錄曰愚觀誠之一字而人之吉凶禍福進退存亡靡不由之葢熙寧元豐間天下是非淆矣至今百世後言君實景仁若辨白黑者誠也誠則无妄動而健剛中而應豈待謀而後同哉彼傳法沙門護法善神者不誠也不誠則妄而匪正悖於人理天道所不祐何善終之有乎故一則生同志死同傳民到於今稱之一則面相若背相非死之日民無得而稱焉

正言鄒浩與陽翟田晝以氣節相激厲浩嘗劾章惇不忠慢上之罪未報而劉后立晝謂人曰志完不言可以絕交矣至是論之除名編管新州浩旣得貶晝迎諸途浩見之出涕晝正色曰

使志完隱默官京師遇寒疾不汗五日死矣豈獨嶺海之外能死人哉願君毋以此舉自濡士所當爲者未止此也

錄曰晝之言達者之論也君子必以是存諸心而後成敗利鈍死生榮辱無所縈於其懷雖然非所欲也彼光天盎宇萬彙明熙豈故效蛩之鳴螿之韻哉不得已而地道失靜君子惟計倫理之輕重道義之淺深非有所爲也以眞哲二朝皆崇劉后而明肅卒以正終崇恩襃於自盡志完今果完矣然則雖死猶不死而況於眞不死乎若仁宗廢郭而立曹猶爲彼善又不可以此時而同彼時也

按天下之大利害所關政事之頤難易攸殊舉凡艱鉅之

投何莫非爲士者所當挺身擔荷豈可以一得自滿一跌自沮特患器小易盈滌源朝氣中鮮抱負外艱擘畫一割而芒亦頓爾夫仁不避險義不辭難當患難之來惘人世遭逢不幸而未始非玉成吾身故智長於跌金精於鍊無論位之大小地之內外事之勞逸一經涉足挼諸自靖之義惟有銳意承之肅將治之苟有一毫畏葸於前而曰愛其身以有待百端退悔於後而曰究於國事無補選耎窘縮不惟朝野罔賴抑且虛負歲月徒爲貪生畏死者藉口爾毋見養尊處優寒疾不汗而死者多矣而鞠躬盡瘁以事其主者天未必遽死之也先儒云仁莫仁於羊腸九折

莫不仁於康莊有味乎其言之哉

安定先生胡瑗患隋唐以來仕進尚文辭而遺經業苟趨利祿及爲蘇湖二州教授嚴條約以身先之雖大暑必公服終日以見諸生解經至有要義懇懇言其所以治己而後治人者學徒千數日月刮劘爲文皆傳經義必以理勝信其師說敦尚行誼後爲太學四方歸之庠舍至不能容其在湖學置經義治事二齋經義齋擇疏通有器局者居之治事齋人各治一事又兼一事如治民治兵水利筭數之類其在太學亦然弟子散在四方隨其人賢愚皆循循雅飭其言談舉止遇之不問可知爲先生弟子其學者相語稱先生不問可知爲胡公也

錄曰是時濂洛之風未廣蘇湖之教居先既無先傳後倦之心兼有明體適用之學一時人材日盛國運日隆風俗日淳德業日厚皆由明師賢傳朝夕刮劘之義有以開其先而啟其後也安定之功可少哉

按瑗年十三通五經後遊泰山與孫復同學攻苦食淡十年不歸以經術教授吳中范仲淹敬禮之使其子純仁往學焉後復與瑗不合在太學常相避瑗治經不如復而教育諸生過之自河汾以來能立師道尊經術者惟瑗爲稱首夫學校之官無論崇卑一主於教親而不尊者也近世衡文者輙坐絳帳嚴儀衛諸生拜跪堂下恬不爲禮甚至

隸胥呵之而不恤曷亦顧名思義乎

二程先生平生誨人不倦故學者出其門最多淵源所漸皆爲名士而劉絢李籲謝良佐游酢張繹呂大臨呂大鈞尹焞成德尤著　絢氣和而體莊持論不苟合跬步不忘學人謂明道平和簡易惟質夫似之　籲才器可大任所造尤深所得尤粹胸中閎肆開發求之孔門如賜也達　良佐英果明決日有程課如以生意論仁以實理論誠以常惺惺論敬以求是論窮理其命意皆精當而直指窮理居敬爲入德之門又最得明道教人之綱領　酢德宇粹然誠中形外儀容辭令燦然有文初與兄醇俱以文行知名伊川見之京師謂其資可進道招使肄業盡

棄所學而學焉　繹與焞同時繹以高識焞以篤行俱爲先生所稱嘗曰吾晚得二士者是也　大鈞强明直諒以孔子上達之心立其志以孟子集義之功養其德以顏子克復之用厲其行其要歸之誠明不息不爲衆人沮之而疑小辯奪之而屈勢利刼之而回智力窮之而止　大臨深潛縝密本是剛的氣質涵養得到如此故聖人以剛爲君子若剛矣能除去過剛之病全其爲剛之德何事不可爲不剛終不能成事

錄曰錄程門者有宋一代道學昌明其上者不由師傳默契道體濂溪以來一人而已自後明道濬其源伊川會其流晦庵揚其波駸駸乎無有窮已其所以淑人心明道術敎風化

之本原厚邦國之元氣究其用心直欲上躋三代之盛而後已此其道義顯著後世鮮能及也

按二程先生倡道河洛間四方從遊者日衆各隨其材而成就之如春陽之照時雨之潤莫不虛往實歸有不遠千里而來歷年久而不忍去以致貧者忘饑寒達者忘仕進聞風者誠服覿德者心醉師友道義之樂直繼孔孟而起覩伯淳臨政務使民各得輸其情甚至取佛首牖池龍而不以爲怪正叔進講務陳說道德甚至坐崇政請垂簾而不以爲僭此其體用兼該表裏一致何等本領豈若後世妄自標榜以罔聲氣而媢流俗且有決裂繩墨閃爍回互

猶偃然自命爲道學者哉矧道學二字何其鄭重古人身體力行惟日不足此何待於講且必欲招人而聽講也

屏山先生劉子翬忠顯公韐之子憤父死難隱居武夷山與胡憲劉勉之交懽相得所與遊皆知名士而期以任重致遠者晦庵一人而已嘗讀易渙然有得以爲學易當先復故以不遠復三字告晦庵俾佩之終身後卒爲儒宗　籍溪先生胡憲安國從子生而靜慤時禁伊洛之學憲與勉之求得其書潛抄默誦聞涪陵譙定受學於頤往從之久未有得定曰心爲物漬故不能有見惟學乃可明耳自是一意克已不求人知日訓學徒以爲已之學聞者始而笑中而疑久而觀其所以修身事親接人

者無一不如所言遂翕然悅服晦庵嘗言事籍溪最久得其學爲多　白水先生劉勉之從譙定劉安世楊時受學卒業乃還崇安即近郊結草爲堂讀書其中力耕自給學者踵至隨其材品爲說聖賢之道晦庵得道統之正自三先生始

錄曰觀韋齋臨終屬子受學於三君子不惟問學尊行之益實爲道統絕續之關蓋晦翁本新安人始也寓居崇安終也徙居考亭皆依屏山籍溪以爲之所後遂爲堂堂闕里與東魯並稱可見古人恩義之重師資之情視今爲何如哉

按韋齋生平與白水劉致中屏山劉彥沖暨胡原仲交最善臨沒屬以後事且誡其子並往受學晦翁自謂從三君

子遊而事籍溪胡先生更久籍溪之學惟務克已白水尤邃於易一日晦翁向屏山請益屏山曰吾少未聞道始接佛氏書聞所謂清靜寂滅者而悅之比讀吾儒書有契焉然後知吾道之大如此夫佛教至漢季始入中國其曰明心見性卽本吾儒正心率性之旨也曰慈悲普度卽推吾儒欲立欲達之方也特其說主幽偏在西海日沒處故勢必入於淸靜寂滅爾及其弊也直視師長爲父兄稱門徒爲眷屬以致惑世誣民多誘童男幼女髡頂披緇其初佛制何嘗有此今宜著爲令除眞正孤貧疾廢垂老無依之人取具里隣結狀方許出家其他槩加嚴禁使天下梵宇

琳宮不過成一大養濟院以廣王道之仁則何必斥其教火其書而人心有不歸正邪說有不衰止者哉若徒辭而闢之而不察其原不絶其流其於世教何益之有

晦庵先生門人甚多最著者黄榦李燔劉爚劉炳張洽陳淳李方子黄灝蔡沈輔廣　榦夜不設榻不解帶志堅思苦晦翁妻以女及病革以深衣并所著書授之訣曰吾道之託死無憾矣榦弟子日盛編禮著書講論經理朝夕不倦　燔登進士授岳州教授未上往建陽從晦翁學晦翁告以曾子弘毅之語且曰他日任斯道者必子也燔因以弘名其齋凡諸生未達者先令訪燔俟有所發乃就晦翁折衷諸生畏服　爚發明淵源道學

以倡諸儒著禮記周易解說雲莊外稿續稿行世　炳從學一
以講道明理爲心晦翁釋四書及傳易詩通鑑綱目太極圖皆
與炳往復論辨多所是正著四書問目綱目要略學者稱陸堂
先生　洽自六經傳註而下皆究其指歸朱子嘉其篤志尤用
力於敬平居不異常人至義所當爲則勇不可奪著春秋集註
地理沿革表行世　淳少習舉業林宗臣授以近思錄淳盡棄
其業而學焉及晦庵至漳淳請受教乃痛自裁抑晦庵曰吾南
來喜得淳歿後尤追思之　方子端謹純篤晦庵謂曰觀子爲
人自是寡過但寬大中要規矩和緩中要果決方子遂以果名
其齋嘗曰吾於問學雖未能周盡然幸於大本有見處此心常

覺泰然不爲物欲所潰　灝性行端飭以孝友稱登進士教授隆興府朱子守南康灝執弟子禮惟謹及朱子没灝單車往赴徘徊不忍去　廣淳謹勤恪著四書纂疏詩傳童子問以發明師旨　沈著書傳十卷行世沈父季通所欲爲而未及論著者沈受父師之傳反覆考訂數十年然後克就

録曰愚觀古人爲學必本於一誠無間成於純一不已初不以時之好尚易其心人之毁譽奪其志則何必惓惓然曰吾道東矣吾道南矣及其將殁又曰吾道之托吾無憾矣豈其不能忘情邪曰非也斯道之在天壤間乃元氣流行不可止息惟人秀而最靈而學者又秀之秀所以負托是氣振攝是

理以位三才贊化育苟無是身道不虛行故聖人不敢自私其身亦不敢獨任其責而必有望後死者之與於斯文也豈若私意小道止於一身盡於爾我而遂已者哉

按當時韓侂胄禁僞學臺諫承望風旨大肆排擊然猶未敢誦言攻朱子至沈繼祖劉三傑連疏詆毀詔落職罷祠於是黨禁始厲而此十人者不以存沒異不以利害怵及朱子沒一時會葬者門弟子尚數百人可見有道君子其視朋友之義實作五倫之一今人交深特多金爾脫有他故常若恐其浼已卽昏暮叩門亦將踰垣塞竇而避之以自號明哲何但棄如土苴哉亦可悲已

東萊先生呂祖謙夷簡六世孫也學本家庭有中原文獻之傳長從林之奇汪應辰胡憲游既又友張栻朱熹講索益精嘗讀陸九淵文喜之而未識其人適主禮部試偶得一卷曰此必江西小陸也揭示果然人服其精鑒先是書肆有書曰聖宋文海學士周必大言其去取差謬恐難傳後孝宗以命祖謙遂斷自中興以前崇雅黜浮類爲百五十卷上之賜名皇朝文鑑蓋其學以關洛爲宗而旁稽載籍不見涯涘一時英偉卓犖之士皆歸心焉自少卞急一日誦論語躬自厚而薄責於人忽覺平時忿懥之心渙然冰釋晦翁嘗言學如伯恭方是能變化氣質其所講畫將以開物成務既臥病而任重道遠之意不衰晚年創

會友之地名麗澤書院在金華城中旣沒郡人即而祠之

錄曰愚觀濂洛關閩之學各有攸起吾浙自宋南渡後吕成公得中原文獻之傳倡於其始及後何王金許諸儒輩出奮於其間彬彬極盛而婺州實吕公倡道之邦道學正傳幸在我浙吾儒去古未遠所居尤近豈可不自努力哉

按左氏有言喜怒以類者鮮易者實多若伯恭誦論語而消平時忿懥之心始可謂能讀書者矣蓋喜怒哀樂情所自有惟發不中節則必至害性故喜時之言多失信怒時之言多失體而怒尤害事當其乍感猝投迫不及持惟在推之以恕約之以理徐思而轉計之稍移片時則氣自平

忿必釋矣不則一往莫遏發而難收必至過情必貽後悔

宋李太初遭狂生叩馬肆詆但踧踖遜謝富彥國有人詬之明斥其名而以爲天下豈無同姓名者夫詆詬出自有心匪同虛舟之觸在常人最不堪抑制而二公謂不足與校全無介懷比之唾面自乾擲面不顧者猶屬强勉而此則出之自如非由變而臻於化境哉

西山先生蔡元定生而穎悟父發授以程氏語錄并經世正蒙諸書曰此孔孟正脉也遂深涵其義旣長辨析益精登西山絕頂啖虀讀書聞朱熹名往師之熹扣其學大驚曰此吾老友不當在弟子列遂與對榻講論諸經奧義俾四方來學者先從質

正焉時韓侂胄設僞學之禁以空善類詆熹併及元定謫道州聞命不辭家即往就道熹與從遊者餞别蕭寺中坐客興嘆有泣下者熹微視元定不異平時因喟然曰友朋相愛之情季通不挫之志可謂兩得矣衆謂宜緩行元定曰獲罪於天天可逃乎杖屨同其子沆行三千里脚爲流血無幾微見顔面至舂陵遠近來學者莫不摳趨聽講有名士挾才簡傲亦心服謁拜熹釋四書及爲易詩傳通鑑綱目皆與往復參訂啟蒙一書則屬之起稿曰造化微妙惟深於理者能識之及喪以文誄之曰精詣之識卓絶之才不可屈之志不可窮之辨不復可得見矣

錄曰孟子曰以德服人者中心悅而誠服也如七十子之服

孔子也是故陳蔡不能移匡人不能奪叔孫武叔不能毀司馬桓魋不能害而況一時之浮議諸人之私論哉雖然竊以比之今時大不同也何也宋季人心尚在士風猶存其排抵承望者有限也是以士子尚知摳衣趨席心服謁拜今之人心澆極士氣薄甚其揶揄非笑者無窮也尚安往而非困境涸轍可憎可畏之途哉觀者又當辨矣

按季通之謫道州也貽書諸子曰獨行不愧影獨寢不愧衾勿以我故而自懈比至四方來學者日衆愛之者謂宜謝絶生徒季通曰彼以學來何忍拒之若有禍患亦非杜門絶客所能逃也吾祖在鎮海日聚徒講學垂老不倦由

是闔中人士始復知有延平考亭之傳今人見理不明信道不篤稍遇折挫便憂讒畏譏徒跼蹐於高天厚地之中總是下學工夫不到殊自苦爾

陳同父亮才氣超邁議論風生所交皆一時豪俊隆興初上中興五論不報退居永康力學著書淳熙中詣闕極言時事孝宗赫然震動用种放故事召令上殿將擢用之曾覿聞其名欲見焉亮恥之踰垣而避覿不悅大臣亦惡其直交沮之亮笑曰吾欲爲社稷開數百年之基寧用以博一官乎渡江歸所學益博自孟子後惟推王通氏嘗自謂曰研窮義理之精微辨析古今之同異原心於杪忽較體於分寸以積累爲工以涵養爲正睟

面盎背則於諸儒誠有愧焉至於堂堂之陣正正之旗風雨雲雷交發而並至龍蛇虎豹變現而出没摧倒一世之智勇開拓萬古之胸襟自謂差有一日之長蓋指朱熹吕祖謙也

録曰愚觀大造之理枉不極則伸不大宋自光寧以來議毁道學幾於無所容矣以正心誠意之旨上所厭聞而戒謹恐懼之説祇爲欺世若陳賈林栗京鏜胡紘沈繼祖劉三傑何澹劉德秀之徒駕言醜詆攘臂肆志至投竄廹逐殆無虚日吾道至此可謂枉之極矣然豈知堂堂之陣正正之旗揭然特立不旋踵間理宗者出崇尚道學獎勵儒風不獨周程張朱之表揚抑且蔡吕諸賢之作氣然後知雲雷交發而日月

倍明蛇虎爲妖而鳳麟益顯眞有以推倒一世之狂軌開拓萬古之人心如同父者豈但一日之長已哉

弘道錄卷之十終

弘道錄卷之十一

明刑部員外郎仁和邵經邦弘齋學

皇清詹事府少詹事四世孫遠平補案

禮

君臣之禮

書堯典欽明文思安安允恭克讓

錄曰禮莫大於敬堯舜繼天立極史臣稽古正辭曰欽乃所以奉於天曰恭乃所以懋於己曰讓乃所以加於人其實不越乎一敬而已

按孟子書云君臣主敬夫五倫之中何者可以不敬而專

屬之君臣誠以朝廷之禮必恪恭整肅而後其體始得也然自古帝王當明良泰交之會不但臣當敬君君亦敬臣考曲禮天子當依而立諸侯北面而見天子曰覲天子當宁而立諸公東面諸侯西面曰朝是臣立之際君未嘗安坐見也尚書康王之誥王義嗣德答拜是臣拜之頃君未嘗安坐受也自秦制尊君卑臣叔孫通因爲漢法而古人燕饗從容君子嘉賓之意蕩焉不可再見揆之元首股肱之義應不若是濶絶也夫數千年來豈無守道慕義之主而此禮斷不可復者大要非君薄臣其臣實甚焉何也臣之事君每趨愈下惟皇皇焉謀身家固祿位而他非所計

則不敬莫大乎是以大不敬事君而望君禮之敬之天壤

間有是理哉

舜典格汝舜詢事考言乃言底可績三載汝陟帝位舜讓于德

弗嗣

錄曰盛德大業其果與於讓乎觀堯舜之禪授天與人歸已有定命而猶讓之不置厥後舜命九官遂致濟濟相讓殿廷之間揖遜稽首若不遑舍葢上有好者下必有甚焉然則舜避堯子于南河之南果有之乎曰當時祇因舜讓于德之言好事者遂創爲避之說典謨具在不足以傳疑也

帝曰咨四岳有能奮庸熙帝之載使宅百揆亮采惠疇僉曰伯

禹作司空帝曰俞咨禹汝平水土惟時懋哉禹拜稽首讓于稷契暨臯陶帝曰俞汝往哉

錄曰舜之讓不名者天位不可名也禹之讓指名者臣列則當名也萬世而下可想見其藹然氣象非但禮讓爲國而已

帝曰咨四岳有能典朕三禮僉曰伯夷帝曰俞咨伯汝作秩宗夙夜惟寅直哉惟淸伯拜稽首讓于夔龍帝曰俞往欽哉

錄曰何以言直哉惟淸乎夫不邪之謂直不淆之爲淸天神地祇人鬼之祀皆一定而不可易秩然而不可紊也若宋眞宗謬爲天書以矯誣上帝至加玉帝尊號紛紜多事則囘邪而不直矣漢武立五帝太一后土諸祠雜然並興則瀆亂而

不清矣此秩宗夙夜寅奉不敢違焉者也

按制禮作樂帝王之盛典乃訂書則合禮樂爲一經命官則分禮樂爲二職又禮專主秩序宗廟樂專主教胄子何也蓋五禮莫重於事神事神莫親於祖考舉其重而其餘可以廣推舉其親而所尊因以遞及也樂以養中和之德性而胄子將有天下國家之重其需涵養尤亟故特舉專官要之習禮教樂皆德性中所有事故其文可合而禮樂之司精神宜一故其官不可得兼也至世史稱神農之後祝融其曾孫名垂實生伯夷爲舜四岳然舜咨四岳有能典朕三禮僉曰伯夷豈有方咨之而即自舉之邪其以伯

夷爲垂子猶以伯益爲皐陶子且以姜呂申許四姓爲四岳後皆後人擬議之誕也獨是尊如四岳其德足使堯避位其高節又能辭堯其則哲又能舉舜則其品應不在夷夔下乃史竟逸其名且不得與尋常之殳斨朱虎等比豈非當時紀載之過與從來大聖大姦世必傳之乃亦有庸庸而反傳有賢豪而反不傳非其人有不幸也紀載偶疎適足以動後人之吝嗟勤求而反以滋譌也

益稷帝庸作歌曰勑天之命惟時惟幾乃歌曰股肱喜哉元首起哉百工熙哉皐陶拜手稽首颺言曰念哉率作興事愼乃憲欽哉屢省乃成欽哉乃賡載歌曰元首明哉股肱良哉庶事康

哉又歌曰元首叢脞哉股肱惰哉萬事墮哉帝拜曰俞往欽哉

錄曰上古之時君勑而臣颺君庸而臣載君拜而臣稽首此何等氣象也易曰泰小往大來吉亨則是天地交而萬物通也上下交而其志同也自秦以來惟取尊君卑臣爲務而後無帝拜之文焉無喜起之風焉無欽哉之復焉易曰天地不交否其流遂不能革噫可慨哉

按舜是時治定功成禮明樂作德和神人化洽鳥獸何風之隆也而帝之作歌絕無自矜之意故先股肱而後元首百工以歸功於臣下於是皐陶亟拜稽颺言曰念哉惕其衷也率作興事主治者君也愼憲省成宣治者臣也故先

元首而後股肱庶事巷於歸功君上之中而復寓責難於君之意正言之不足又反言之由叢脞以至惰隳勢則相因而必至機則一縱而莫收安危理亂之關無不在此帝敬其言而重其禮此虞廷賡歌之盛所以爲萬世法乎

詩小雅呦呦鹿鳴食野之苹我有嘉賓鼓瑟吹笙吹笙鼓簧承筐是將人之好我示我周行呦呦鹿鳴食野之蒿我有嘉賓德音孔昭視民不恌君子是則是傚我有旨酒嘉賓式燕以敖呦呦鹿鳴食野之芩我有嘉賓鼓瑟鼓琴鼓瑟鼓琴和樂且湛我有旨酒以燕樂嘉賓之心

錄曰頤之爲卦也聖人養賢以及萬民與之共天位使之食

天祿需之爲卦也賢者懷其道德安以待時飲食以養其體宴樂以和其心此隆古盛時能養能舉悅賢之至古今相傳以爲賓興盛典凡天下豪傑之才命世之士胥此焉出然觀此篇大指在於私惠不歸德和樂而不淫非止養其體娛其外而已故願爲主司者能以是存諸心以期望天下之士必如王孝先司馬君實爲士者亦以是存諸心以今日發軔之始他日必如程明道范希文然後知朝廷作養眞德實意非惓惓取其私恩小惠愛人以姑息者也

四牡騑騑周道倭遲豈不懷歸王事靡盬我心傷悲四牡騑騑嘽嘽駱馬豈不懷歸王事靡盬不遑啟處翩翩者鵻載飛載下

集于苞栩王事靡盬不遑將父翩翩者鵻載飛載止集于苞杞王事靡盬不遑將母駕彼四駱載驟駸駸豈不懷歸是用作歌將母來諗

錄曰愚於周王之勞使臣而見先王綱紀四方者至矣夫王事靡盬所以覺天下之忠不遑將父所以覺天下之孝不遑啟處所以覺天下之節豈不懷歸所以覺天下之義將母來諗所以覺天下之慈如是而燕饗以將之所以覺天下之禮諷誦以發之所以覺天下之讓以爲上下通用之樂夫豈無意而然哉若徒彰使臣之勤而無關綱紀之實則大學始教宵雅肄三何獨惓焉於是邪抑祇漫焉而已邪

皇皇者華于彼原隰駪駪征夫每懷靡及我馬維駒六轡如濡載馳載驅周爰咨諏我馬維騏六轡如絲載馳載驅周爰咨謀我馬維駱六轡沃若載馳載驅周爰咨度我馬維駰六轡既均載馳載驅周爰咨詢

錄曰此章之旨乃周家之法程臣道之矩範上下之通義古今之準的不但以遣使臣也夫堯思日孳孳舜日不遑暇區區爲臣之職而可以爲及乎是故不自滿假禹之懷靡及也望道未見文之懷靡及也仰而思之夜以繼日周公之懷靡及也靡及則虛虛則日孜孜而周爰咨諏所由徧也夫訪善爲咨咨才爲諏咨事爲謀咨禮爲度咨親爲詢五者如不及

也而猶恐失之故曰周曰爰將以廣詢博訪也推其義嘉言罔攸伏咨也野無遺賢諏也亮采惠疇謀也羣后德讓度也明揚側陋詢也此豈可以易及哉以是爲訓而猶有謀臧不從不臧復用若小旻之所譏者有自有肺腸俾民卒狂若芮伯之所刺者嗚呼安得靡盬之臣而與之言靡及之義哉

按三詩列於雅首爲上下通用之樂非無謂也夫朝廷燕饗之禮使臣居三之二毋亦廵守朝覲會同而外所以當嘉禮達情素者大約卿大夫聘問之事爲客是以古者特重使事凡應對進退之節童而習之即聖門論士必以使四方不辱命稱首豈非以不能專對不能相禮爲耻辱哉

威儀言語爲德之符自非一時可以襲取觀厲卻言驕言伐曾邾視下視高家國年壽應之如響何况學業之淺深操持之堅緐政治之淳龎行已經世之間不可覘之於此也邪鄉飲奏之始入學奏之以爲教天下焉者使警而預修之於平日有以也夫

天保定爾亦孔之固俾爾單厚何福不除俾爾多益以莫不庶

天保定爾俾爾戩穀罄無不宜受天百祿降爾遐福維日不足

天保定爾以莫不興如山如阜如岡如陵如川之方至以莫不增

吉蠲爲饎是用孝享禴祠烝嘗于公先王君曰卜爾萬壽無疆

神之弔矣詒爾多福民之質矣日用飲食羣黎百姓徧爲爾

德如月之恆如日之升如南山之壽不騫不崩如松栢之茂無不爾或承

錄曰龜山楊氏言天保以上治內采薇以下治外先王經綸之迹其效博矣然觀其作處本之誠意而已愚觀斯論未嘗不正襟而嘆也夫能大道之行天下爲公而後示我周行不爲虛文以不忍之心行不忍之政而後將毋來諗不爲妄說進賢如不及從善若轉圜而後周爰咨諏不爲徒勞因其心之自然不由勉强而後莫如兄弟不爲飾詞靖恭爾位好是正直而後神之聽之不爲空言然則臣之受賜者其圖報有不本之誠意哉其曰單厚多益戩穀罄宜不爲蹈襲之辭曰

升月恆岡陵松栢不爲諛佞之語以安定爲天福天與君分相聯也以壽考爲神福神與君氣相屬也以質實爲民福民與君治相關也其禱頌有體其稱願有方萬古之下忠愛其君者無以踰此信非周公不能作也

蓼彼蕭斯零露湑兮既見君子我心寫兮燕笑語兮是以有譽處兮

錄曰天子燕諸侯以示慈惠而曰譽者上交不瀆下交不諂也處者安樂其心式燕以衎也慈者手足腹心相待一體也惠者既醉以酒既飽以德也後世若飲酒爭功拔劍擊柱是不譽矣金奏作於下驚而出走是不處矣王僚重鎧范增舉

坱是不慈惠矣此有周盛時明良相慶君臣同樂不於是詩見之乎

湛湛露斯匪陽不晞厭厭夜飲不醉無歸湛湛露斯在彼豐草厭厭夜飲在宗載考湛湛露斯在彼杞棘顯允君子莫不令德其桐其椅其實離離豈弟君子莫不令儀

錄曰湛露之宴篤親親也所謂君之宗之故曰在宗載考考者燕義云臣竭力盡能以立功於國君必報之臣皆務竭力盡能以立功是以國安而君寧厥後若陳敬仲與桓公飲而卜晝卜夜是不以禮道民而恒舞酣歌豈惟君人之過舉其臣下方刑且墨矣其可與之同日語哉

彤弓弨兮受言藏之我有嘉賓中心貺之鍾鼓旣設一朝饗之

彤弓弨兮受言載之我有嘉賓中心喜之鍾鼓旣設一朝右之

彤弓弨兮受言櫜之我有嘉賓中心好之鍾鼓旣設一朝醻之

錄曰東萊呂氏言受言藏之言其重也弓人所獻藏之王府以待有功不敢輕與人也中心貺之言其誠也中心實嘉貺之非由外也一朝饗之言其速也以王府寶藏之弓錫之有功諸侯未嘗有遲留顧惜之意也後之視府藏爲已私分至有以武庫兵賜幸臣者則與受言藏之者異矣賞賜非出於利誘則廹於事勢至有朝賜鐵劵而暮遭屠戮者則與中心貺之者異矣屯膏吝賞功臣解體至有印刓而不忍予者則

與一朝饗之者異矣此今古之所以不相及也

按禮記王制諸侯賜弓矢然後得專征伐此言殆非也左傳甯俞之言曰諸侯敵王所愾而獻其功於是賜之彤弓一彤矢百則是諸侯敵愾獻功之賜故蓼蕭湛露俱天子燕諸侯之詩而彤弓燕有功諸侯以類相序况方伯奉天子命率諸侯以討不庭則諸侯勤王悉聽方伯調度首功在發縱指示其從征之國非一若賜弓矢者並得專征伐不幾十羊九牧乎但既克有功不無酬賜特用弓矢以昭威遠之象紂命文王爲西伯由此得以伐密伐崇然則命爲方伯乃可專征但賜弓矢未可與方伯等也尚書文侯

之命嘉其修扞我于艱而以簡恤爾都結之亦未聞屬其專征尚書左傳皆爲古文故此詩小序亦不言可專征伐王制漢儒之說固不足憑也

菁菁者莪在彼中阿既見君子樂且有儀菁菁者莪在彼中沚既見君子我心則喜菁菁者莪在彼中陵既見君子錫我百朋汎汎楊舟載沉載浮既見君子我心則休

錄曰小雅之有菁莪猶大雅之有棫樸也夫鹿鳴之禮賓典盛典故有瑟笙筐篚之設此章之禮燕飲交歡故多喜樂悅懌之情采菽之錫諸侯備物爲厚故極車馬衮衣之盛此章之錫君子仁賢爲寶故假貨貝重多之喻至於汎汎楊舟猶

其曰寤寐反側也我心則休猶其曰文王以寧也此不可想見當時樂育人材之盛哉小序之言亦或有所補也

按大雅棫樸有髦士作人諸句謂爲教思之美固不待論至菁莪四章朱子謂燕饗通用而細玩詩辭亦無樂育人材之義迨讀昌黎上宰相書首援此詩章釋句解極論君子長育人材之美始信古序之不謬也至五貝爲朋註釋重貨蓋古人貴道誼而畧貨財故百朋最爲重多浴至今日金多交深五百之貝何足掛齒頰邪

交交桑扈有鶯其羽君子樂胥受天之祜交交桑扈有鶯其領君子樂胥萬邦之屏之屏之翰百辟爲憲不戢不難受福不那

錄曰鄭註云胥皆也與天下皆樂樂之大者天子四海之内無違命則天下樂矣諸侯四封之内無違命内外無故則諸侯樂矣大夫官府之内無違命謀行於上則大夫樂矣士進以禮退以義則士樂矣庶人耕稼樹藝以養父母刑罰不加於身則庶民樂矣若但以爲語辭何不言樂只乎况詩中樂只甚多而此獨曰樂胥其義自有在不可不致審也

鴛鴦于飛畢之羅之君子萬年福祿宜之鴛鴦在梁戢其左翼君子萬年宜其遐福乘馬在廐摧之秣之君子萬年福祿艾之乘馬在廐秣之摧之君子萬年福祿綏之

錄曰關雎之什與之全取義也鴛鴦于飛何所取乎白駒之

咏賦之彰好德也乘馬在廐何所彰乎考之朱傳亦無所發絫之小序未見其然必如序言思古明王交於萬物有道則當如鳶飛戾天乃物各率其性故云畢之羅之非爲待其長大能飛而後取之以爲交萬物有道也若云自奉有節顧乃以莝之秣之起興乎其不類甚矣是不可以強通也

魚在在藻有頒其首王在在鎬豈樂飲酒魚在在藻有莘其尾王在在鎬飲酒樂豈魚在在藻依于其蒲王在在鎬有那其居

錄曰鴛鴦四章諸侯所以答桑扈也魚在三章諸侯所以美天子也而一則云王在在鎬豈樂飲酒二則云王在在鎬有那其居觀其所言庶幾無爲而治之象與舜恭已南面之意

正相同也不然君臣且以爲戒而反以爲頌乎或曰王能愛其民故民樂其樂而王亦得以享其樂詩言正此意也序云此詩爲刺幽王而作隋時薛道衡上高祖頌煬帝怒曰此魚藻之義也竟殺之後之頌揚君上者可不戒與

采菽采菽筐之筥之君子來朝何錫予之雖無予之路車乘馬又何予之玄衮及黼觱沸檻泉言采其芹君子來朝言觀其旂其旂淠淠鸞聲嘒嘒載驂載駟君子所屆赤芾在股邪幅在下彼交匪紓天子所予樂只君子天子命之樂只君子福祿申之

錄曰此天子所以答魚藻也而君臣慶會萬世可想見矣何錫予之上之情何厚也彼交匪紓下之敬何嚴也若惠王以

后之聲鑑于鄭而反爲所惡齊威獨朝於周而反爲所辱其於上下之禮安在乎此武王遷鎬之際爲獨盛也

大雅釐爾圭瓚秬鬯一卣告于文人錫山土田于周受命自召祖命虎拜稽首天子萬年虎拜稽首對揚王休作召公考天子萬壽明明天子令聞不已矢其文德洽此四國

錄曰此宣王策命召穆公之辭而一則曰虎拜再則曰虎拜者周自厲王以後王室漸微宣王能修政事王業蹶然復興聖人著之於經然則召虎者光於康公顯於燕土不可泯滅者而史遷作燕世家敘召公而下九世至惠侯未見召虎之名焉宣三十六年釐侯卒亦未見疆理之事焉然猶未可據

也至詩序列諸國世次反又蹈襲史遷考詩則存江漢之什

稽序全無召虎之名謂之何哉安得夫子刪後之意以正史

遷之失不但一召虎之幸也矣

論語拜下禮也今拜乎上泰也雖違衆吾從下

錄曰此孔子事君之禮宛然虎拜之遺風也自周衰覲禮不

修王反下堂而見諸侯至齊桓始霸天子使宰孔賜胙曰以

伯舅耋老加勞賜一級無下拜此非小失也夫子建萬世君

臣之極當與日月爭光其作春秋一字一義皆違衆之事雖

游夏諸賢不能贊況衆人乎此履之上天下澤君子所以辨

上下定民志非眇小從違之間而已或曰然則桓辭宰孔而

下拜矣茲反不錄何也桓蓋假之也先是假仁假義假信今且假禮之名焉雖以宰孔尚不能欺而君子顧惑之與

按禮二王之後歸膰其賜桓公胙所以尊齊也周七廟而外別有專祭文武之廟故曰天子有事於文武若云七廟之祭安得獨稱文武邪此讀左氏者必當以考禮爲據也

子曰能以禮讓爲國乎何有不能以禮讓爲國如禮何

錄曰夫子嘗哂子路曰爲國以禮其言不讓蓋禮乃爲國之大綱領讓則吾心一種謙遜不遑的道理做出來觀夫子之聞政而曰溫良恭儉讓以得之此何等氣象也苟無謙遜不遑之實心雖有無限設施措置不過如宰孔所譏當時豈不

號爲有禮而大根本大節目斯須亾矣此虞芮之君一造西伯之境見耕者讓畔行者讓路入其朝士讓於大夫大夫讓於卿此爲國以禮之實事安得不自愧歉而又何暇爭田乎遂至聞而歸者四十餘國則又不但何難之有而已

子曰事君盡禮人以爲諂也

錄曰此事君非指魯國之君事魯君盡禮人未必爲諂惟是東周之君當時天下視爲泛常所以夫子獨違衆拜下即如餼羊之去雖以子貢之賢且不免豈非人以爲諂者乎他日又曰如有用我者吾其爲東周此亦非爲魯也觀者詳之

入公門鞠躬如也如不容立不中門行不履閾過位色勃如也

足躩如也其言似不足者攝齊升堂鞠躬如也屏氣似不息者出降一等逞顏色怡怡如也沒階趨翼如也復其位踧踖如也吉月必朝服而朝君命召不俟駕行矣

錄曰此孔子事魯君之禮也夫君臣之分以嚴爲主朝廷之上以敬爲主如度之有程規之有範一纖毫不敢越一步趨不可苟者吾夫子外而中規中節內而必信必虔豈非萬世禮法之大閑乎

按禮爲持世範躬之具小大由之一息不容離者也儒者謂仁包萬善統四德然仁藏諸心而禮形之外禮者天理之節文仁之發也由禮而行卽爲制事之義知禮則智不

知禮則愚忠信之人可與學禮則禮與四德同條共貫仁而無禮則朴義而無禮則惷智而無禮則詐信而無禮則訐故有禮則仁義智信之德行焉且中焉矣夫持世範躬莫承乎禮而禮之施先於君臣之大吾夫子道德兼備人共尊爲知禮則所以垂示千古者豈可不以身爲之準而僅託諸詩書禮樂之文乎是故備德者必考諸禮而言禮者必衷諸夫子而後立臣道之極也

家語定公與齊侯會于夾谷孔子攝相事獻酢既畢齊使萊人以兵劫魯公孔子歷階而進以公退曰吾兩君爲好而以兵亂之非齊君所以命諸侯也齊侯麾而避之有頃齊奏宮中之樂

俳優侏儒戲於前孔子趨進曰匹夫而熒侮諸侯罪當誅請右司馬速加刑焉齊侯懼有慙色將設饗禮孔子語梁丘據曰犧象不出門嘉樂不野合饗而既具是棄禮也若其不具是用粃粺用粃粺君辱棄禮名惡子盍圖之乃不果饗齊侯歸責其羣臣乃歸所侵魯四邑及汶陽之田

録曰此聖人以禮爲國之效也或曰使聖人而當桓文之時則何如曰王與霸毫釐之差也故程子曰誠心而王則王矣假之而霸則霸矣二者其道不同在審其初而已自今觀之齊俘之卻侏儒之拒饗禮之罷聖人可能或者他人亦可能也至其誠於所事則必以君子之道輔弼其君誠於所謀則

必具文武之備周旋其際以至歷階之辭梁丘之語無不稟然可畏其始終施爲無一不本於人情合乎大道未嘗假包茅不貢伐原示信之言其致人屈服歸所侵邑亦皆誠意所感非若楚之面從晋之强入此豈他人之可能哉故曰仲尼之徒無道桓文之事者

按左傳定十年公會齊侯于夾谷孔子攝相事請具左右司馬以從萊但請具官爲武備無所謂速加刑焉之實事也齊人來歸鄆讙龜陰之田杜氏曰三邑皆在汶水北故又稱汶陽田乃家語張之爲四邑又曰及汶陽之田是但知誇美聖人而失其實究何必以是見聖人之大哉萊家

語本漢儒所輯自相魯至公西赤四十四篇成非一手雖經王廣諆句解而其中多傳會不可信卽如詩書易傳經夫子手定其後尙多殘闕顚倒之嫌況書之晚出者哉大約今史攝行相事意行相禮之事以沿訛而聞人行堅言辨之誅端木卻齊黻吳之說同爲夸大而不經者與

史記韓信始歸漢因數與蕭何語何奇之爲言之王以爲大將至是欲召拜之何曰王素慢無禮今拜大將如呼小兒此信所以去也王必欲拜信擇良日齋戒設壇場具禮乃可漢王許之諸將喜人人各自以爲得大將及拜乃韓信也一軍皆驚

錄曰高祖不修文學而性明達類此夫以溺冠毀儒輕士善

罵不知其幾向使蕭何之謀甘兒戲之事則人情未必改觀諸將未必備服而王亦未以爲得信晚也孰與爭天下哉此將將之術祇在一轉移間雖未純乎三代之禮毋亦當時所罕見者與

漢王既爲天子悉去秦苛儀法爲簡易羣臣飲酒爭功醉或妄呼拔劍擊柱帝益厭之叔孫通曰儒者難與進取可與守成願徵魯諸生與臣弟子共起朝儀帝曰得無難乎通曰五帝異樂三王不同禮二者因時世人情爲之節文者也臣願采古禮與秦儀雜就之魯有兩生不肯行曰今天下初定死者未葬傷者未起又欲起禮樂禮樂所由起積德百年而後可興也吾不忍

爲公所爲公往矣叔孫笑曰鄙儒不知時變遂與所徵三十人西與其弟子爲綿蕞野外習之

錄曰當秦滅漢興之際乃有魯之兩生孰謂鳳翅麟角不見於秉禮之國乎夫儒者之標準莫先於周孔孔子曰如有王者必世而後仁成周一代禮樂待周公而始定固所謂積德百年而後興也劉炎漢崛興不階尺土與肇基王跡者全殊溺冠慢儒與積功累仁者廻别寬仁大度有矣淪肌浹髓則未也除殘去暴有矣燕及皇天則未也雖以文帝爲之子無惑乎其不逞世祖爲之孫烏在乎其有具漢家之禮樂兩生早付之浩嘆矣論者徒以賈生之請太息於絳灌而文學之

議不逮於魯郰殊不知所招者非公孫弘則兒寬主父偃非公孫卿則壺遂司馬遷設以數公副二帝之選創一代之制亦不過叔孫之濫觴耳安能建禮樂之本乎然則兩生者非但魯之翹楚其漢之麟鳳不可再見者與

按唐封德彝謂三代以還人漸澆訛故秦任法律漢雜霸術魏徵書生未識時務而徵駁之以爲湯武皆承大亂之後身致太平洵如德彝言則至今日人當悉化爲鬼魅矣蓋天地盈虛消息後世誠遠不及古此亦儒者通論然則因時遷變氣運使然果不可以人力挽邪治道之大井田肉刑已不可復其尚存者亦不盡同如學校選舉之代更

其制也祭禮今不用尸而夫人薦盎薦酒之失其儀也喪禮譏絞衾婚嫁不受賀不舉樂男女既聘之後値父母喪更嫁更娶則變之誠是矣他如服飾器物易麻從純破觚成圓往往而有況禮樂之精微失傳而莫返豈可一二計哉故因時損益勢之所趨惟通材能權焉然遂斥守禮之士爲鄙儒則兩生寧受此譏乎嗚呼氣運雖遷人心未泯乃三代以上惟恐好名三代而下惟恐不好名夫至名之莫愛所趨寧有底邪此又知時變而詣其極者與

長樂宮成羣臣朝用叔孫新儀平明謁者治禮引以次入殿廷陳車騎戍卒衞官設兵張旗志功臣列侯以次陳西方東向文

官丞相以下陳東方西向廣行設九賓臚句傳於是帝輦出房百官執戟傳警引諸侯王以下至吏六百石以次奉賀莫不震恐肅敬至禮畢盡伏復置法酒侍坐殿上皆伏抑首以尊卑次起上壽觴九行謁者言罷酒御史執法舉不如儀者輒引去盡朝置酒無敢讙譁失禮帝喜曰吾乃今知爲皇帝之尊

錄曰初帝縱觀咸陽曰大丈夫當如是今一御長樂曰乃知皇帝之尊觀其氣象則無放勳重華之底至亦豈如皇王烝哉之齊信乎固不待大風一歌始知其志得意滿矣

高后八年九月丞相陳平太尉周勃具言子弘等皆非孝惠帝子不當奉宗廟願代王即天子位代王曰奉高帝宗廟重事也

寡人不佞不足以稱願請楚王計宜者寡人勿敢當羣臣皆伏固請代王西鄉讓者三南鄉讓者再平等皆曰臣伏計之大王奉高祖宗廟最宜稱雖天下諸侯萬民皆以爲宜臣等爲宗廟社稷計不敢忽謹奉天子璽符再拜上代王曰宗室將相王列侯以爲莫宜寡人寡人不敢辭遂即位

錄曰愚觀近代之禮而知大漢之氣象猶爲可觀乎夫迎帝者勃也讓帝者文也故知君之不可以强也居中者弘也居外者代也故知子之不可以恃也即夕入未央宮還坐前殿故知始之不可以不正也奉高帝宗廟諸侯萬民皆以爲宜故知統之不可以不大也此春秋之義也至霍光遣宗正迎

曾孫就齋宗正府明日入未央宮封爲武陽侯後即帝位則雖有東向南向之讓將安施乎此其文愈多而禮愈窒氣象尤不侔矣

帝既即位値絳侯朝罷趨出上禮之恭常目送之郎中安陵袁盎諫曰諸呂悖逆大臣相與共誅之是時丞相爲太尉本兵柄適會其成功今丞相殊有驕色陛下謙讓臣主失禮竊爲弗取也後朝上益莊丞相益畏

錄曰孟子言賢君必恭儉禮下此與霍光驂乘而宣帝芒刺在背者異矣惜盎不能充廣允恭克讓之旨反以驕主爲言俾其君雖有堯舜之資而未勝韓彭之習終不免於逮繫僇

辱未必不自盎言啟之也嗟夫以帝之至誠馭下勃之重厚著聞始之莊敬如此終之殘虐如彼後世君臣欲其終始無負不亦難乎

按書云愚夫愚婦一能勝予故君子無衆寡無小大無敢慢漢文恭敬大臣禮也盎乃忌勃而以爲主臣交失豈誠忠主之言哉若順帝於中常侍孫程等懷表爭功無人臣禮帝欲徙封遠縣而周舉謂忽大德錄小過則益背矣蓋程等挾廢立之威非若草昧之初羣臣論功拔劍擊柱者比舉不以此時贊帝之决以章國憲而反稱程等雖韓彭吳賈之功無以過不知天之所與孰能廢之微諸宦者帝

終不立乎遂使太阿之柄倒持十九侯之虐燄復熾誰生厲階則舉雖有諤諤之忠不足蔽其亡漢之罪矣

上聞河南守吳公治行爲天下第一乃徵爲廷尉吳公薦洛陽賈誼帝召爲博士是時誼年二十餘帝愛其辭博一歲中超遷至大中大夫誼請改正朔易服色定官名興禮樂以立漢制更秦法帝謙讓未遑

錄曰小畜之卦也以乾之剛健而爲柔巽所畜聖人繫之辭曰密雲不雨自我西郊夫陰陽和而後雨澤降猶上下交而後事功成也以帝操制作之柄而安於謙讓未遑誼秉有爲之資而惑於年少喜事豈天未欲平治天下乎然君子以懿

文德者葢道德經綸之業非一朝一夕之故孔子不云乎不患無位患所以立詎苟安於此葢務沉潛韜晦之行以期厚積遠施則豈無大畜尚賢之君以武去帝殆不多也奈何當二十方餘之年輙爲痛哭自傷之狀賦鵩鳥弔靈均無乃太促此生之所短豈人之所疾哉

申屠嘉爲相時鄧通方愛幸嘉入朝通居上旁有怠慢之色嘉奏曰陛下愛幸羣臣則富貴之至朝廷之禮不可不肅朝罷嘉坐府爲檄召通詣丞相府不來且斬通通恐訴上上曰汝第往通詣丞相府免冠徒跣謝嘉坐自如責曰夫朝廷者高帝之朝廷也通小臣戯殿上大不敬當斬吏今行斬之通頓首出血不解

上度丞相已困通使使持節召通而謝丞相曰此吾弄臣君釋之通旣至爲上泣曰丞相幾殺臣

錄曰愚觀申屠嘉之事而嘆漢廷之禮猶可言也夫幸臣者人主權寵之所歸也請託出於其門好惡在於其口大臣苟不自振望風俯首者多矣矧茲蹶張之夫非咸有一德之輔而能正朝廷之禮遏宵小之心帝豈終於未遑者哉至董賢冒三公之位絕炎統之傳上下方且甘心安能爲檄召詰乎此時學校雖興辟雍雖作不可與言禮矣

按文帝寵鄧通賜之嚴道銅山時鄧氏錢布天下而通不免餓死武帝愛韓嫣蹕道未行先乘副車比於王者而嫣

卒爲太后賜死哀帝貴董賢土木衣錦繡奴僮賜禁兵而賢究以譴自殺夫以萬乘之尊而不能庇一匹夫豈非命哉由是知進身之不可不慎也董鄧不足論矣韓嫣士人猥以色舉其及也不亦宜乎

武帝時大將軍青貴幸有時侍中上踞廁而視之丞相弘燕見上或時不冠至如汲黯見上不冠不見也上嘗坐武帳中黯前奏事上不冠望見黯避帷中使人可其奏

錄曰此可見帝之秉懿卽所謂不學而知不慮而能者非有所勉強安排也由此心充之可以事上帝矣豈僅使臣下哉惜乎不能隨事致曲加以弘之忌湯之嫉帝之心漸肆矣此

漢唐以來之通患求所爲允恭克讓者安得不寥寥乎

元朔五年詔曰蓋聞導民以禮風之以樂今禮壞樂崩朕甚閔焉其令禮官觀學興禮以爲天下先於是丞相弘等奏請爲博士官置弟子五十人復其身太常擇民年十八以上儀狀端正者補博士弟子諸太常受業能通一藝以上補文學掌故郎有秀才異等輙以名聞自此公卿大夫吏彬彬多文學之士

錄曰武帝之初嘗舉趙綰王臧矣以太后不悅儒術而罷又嘗招選文學才智之士矣以相如辭賦皐朔詼諧而止至是欲導民以禮爲天下先此正申公力行之機也弘奈何僅置博士弟子文學掌故亦奚裨乎使當是時賈誼尚存以其移

風易俗之言道之則必有非常之建樹不但太初之制作而已惜乎長沙不返曲學斯興徒使公孫卿壺遂之徒得行其議而造端託始之論顧爲長說也嗟夫

按補博士弟子詣太常受業此卽周制胄適俊秀入太學之遺意也是時弘雖曲學然日通一藝以上補文學掌故則是猶究心於禮樂之文熟習夫古先之制者也國家養育人材固厚期爲異日用公卿大夫由此焉出故外而兵刑錢穀之司大而水火工虞之事精而至於禮樂盡宜平時講復務得眞傳一旦躬履其任坦然舉而措之處常順正則宏黼黻太平之謨遇變出奇足寄社稷安危之重是

以復其身家優之廩給異其冠服而不與齊民伍也若徒絺章繪句雕琢曼辭國家大事既非賦詩清談所可坐理而制舉帖括又剽竊聖賢糟粕彰諸施設空言無補剌謬尤多所謂隱居求志行義達道者安在乎歐文忠公遇人問文章輒告之政事曰文章止於潤身政事可以及物前輩用心如此後世之士平素不習臨事茫然是又曲學所深譏者矣

漢書武帝招致儒術之士共定禮儀十餘年不就或言古者太平萬民和喜瑞應辯至乃采風俗定制作上聞之制詔御史曰蓋受命而王各有所由興殊路而同歸謂因民而作追俗爲制

也議者咸稱太古百姓何曁漢亦一家之事典法不傳如子孫何化隆者閎博治淺者褊狹可不勉與乃以太初之元改正朔易服色封太山定宗廟百官之儀以爲典常垂之於後

錄曰漢興至是已百年黎民醇厚幾致刑措雖魯兩生復起亦可與有爲之時也尙何人各爲說邪當時徐樂兒寬可謂知言矣樂之言曰賢主獨觀萬化之原寬之言曰天子建中和之極兼總條貫金聲而玉振之帝惟多欲之故以是趑趄不就歷十餘年而夏時之正秦俗之繆翻然改革亦可見其雄材大畧與紛紛負更制之名者異矣

宣帝時諫大夫王吉上疏曰陛下惟思世務將興太平詔書每

下民欣然若更生臣伏思之可謂至恩未可謂本務也欲治之主不世出公卿幸得遭遇其時言聽諫從然未有建萬世之長策舉明主於三代之隆者也其務在期會簿書斷獄聽訟而已此非太平之基也臣聞安上治民莫善於禮故王者未治禮之時引先王禮宜於今者而用之願陛下述舊禮明王制敺一世之民躋之仁壽之域則俗何以不若成康壽何以不若高宗上以其言爲迂濶吉遂謝病歸

錄曰天下將治則禮樂爲實用天下將衰則禮樂爲虚文以帝之賢而褒王成賞黄霸綜覈名實何有於述舊禮明王制哉而顧謝之曰迂濶沿至成帝始建辟雍設庠序陳揖讓衣

冠則何益矣以是知日不暇給規模宏遠者願治之本體而禮文騷屑元氣不存者漸衰之末務也

按漢宣時循吏最多而吉言非本務非尤夫務簿書期會斷獄聽訟之不可而尤夫不引先王之禮而用之今亦猶賈生譏刀筆筐篋爲俗吏以其不知大體也然孝文家給人足孝宣號稱中興當時民風尚存三古遺意是則非盡不知本務也憂時之士慮患未萌恐其積漸輕重至於後不可挽耳夫務簿書期會斷獄聽訟尚非本計何況舞文鬻獄者邪欲躋民仁壽者當知所變計矣

綱目建武五年初起太學帝還視之稽式古典修明禮樂煥然

文物可觀

錄曰平帝元始四年嘗起辟雍矣何以不錄與光武有志興復古禮內建學校外徵處士皆西京未暇爲者且當干戈倥偬之際寇盜縱橫之時則固可嘉矣抑帝少與嚴光同學及物色而至人且敬信服之何不用以教太學一君一師媲美同德宜無不可留者而乃拜爲諫議不知當代師表將何所屬以時論之似無有出光之右者矣

肅宗章和元年召曹褒詣嘉德門令持班固所上叔孫通漢儀十二篇敕曰此制散畧多不合經今宜依禮條正使可施行於南宮東觀盡心集作褒既受命乃次序禮事依準舊典雜以五

經讖記之文撰次天子至於庶人冠昏吉凶終始制度爲卷百五十奏上和帝即位褒乃爲作章句帝遂以新禮二篇冠

錄曰漢叔孫通之制禮君子不能無遺憾也褒復慕之晝夜研精寢則懷筆札行則習文書及其措之制作又雜以五經讖記之文然則非叔孫之所遺乃時王之所尚爾夫禮之大原出於天具於人心聖人一言蔽之曰毋不敬褒既沈吟專思當其念至忘所之適其果毋不敬乎儼若思乎徒取讖記固不可爲典要也

唐書禮樂志古者宮室車輿以爲居衣裳冕弁以爲服尊爵俎豆以爲器金石絲竹以爲樂以適郊廟臨朝廷事神而治民其

歲時聚會以爲朝覲聘問歡欣交接以爲鄉射食饗合衆興事以爲師田學校下至里閭畝畝吉凶哀樂凡民之事莫不出於禮由之以教其民爲孝慈友弟忠信仁義者常不出乎居處動作衣服飲食之間蓋其朝夕從事者無非此也故其治出於一而禮樂達諸天下遭秦變古後之有天下者自天子百官名號位序宮車服器一切用秦雖有欲治之主思所改作不能超然遠復三代之上而牽其時俗稍卽以損益大抵安於苟簡而已其朝夕從事則以簿書獄訟兵食爲急曰此爲政也所以治民至三代禮樂具其名物而藏之有司時出而用之郊廟朝廷曰此爲禮也所以教民此其治出於二而禮樂爲虛名

録曰此歐陽子之論萬古之至言也夫先王制禮以其所躬行實踐措之以辨上下定民志又以其會極歸極發之以事天地和萬民本於身心性情之間以立節文體用之則安得不出於一而何有於不達也自秦以下無天德爲之本王道爲之用其於節文遺制罔知攸措甚者登降之不知尊卑之無序且君臣父子兄弟夫婦之間尚多慚德又安能建中和之極而使禮樂刑政不出於二哉此古今判渙之原禮樂盛衰之始不可不察也

通鑑貞觀元年春正月上宴羣臣奏秦王破陳樂太宗曰朕昔委專征民間遂有此曲雖非文德之雍容然功業所由不敢忘

也封德彝曰陛下以神武平海內文德豈足比乎上曰戡亂以武守成以文文武之用各隨其時卿謂文不及武斯言過矣

錄曰夫子嘗謂武盡美未盡善也夫以武之應天順人又得周公制作尚有未盡善之嘆帝雖能除隋亂未臻至治封德彝從而諛之至謂教化不及政刑武功優於文德是何心哉葢不待貶斥而貽笑千古矣

六年秋七月上宴近臣于丹霄殿長孫無忌曰王珪魏徵昔之仇讐不謂今日得同此宴太宗曰徵珪盡心所事我故用之然徵每諫不從我與之言輒不應何也徵曰臣以事爲不可故諫若不從而臣應之則事遂施行故不敢上曰應而復諫何傷曰

昔舜戒羣臣爾無面從退有後言臣心知其非而口應之乃面從也豈稷契事舜之意邪上笑曰人言魏徵舉止疎慢我視之更覺嫵媚徵起頓首謝

錄曰嘗讀易之中孚而觀王魏之出處未嘗不喟然嘆也夫隱太子非負荷之器而徵珪事之所謂翰音登于天何可長也一旦幡然改圖明以投明斷以資斷所謂鶴鳴在陰其子和之我有好爵吾與爾縻之安得不盡心所事乎向使不遇英主不過俘囚之賤而已所謂得敵或鼓或泣或歌徵蓋不能不忝其嫵媚也豈非君子之幸乎哉

七年春正月宴玄武門奏七德九功舞本秦王破陳樂更名七

德舞是也太常卿蕭瑀以爲形容未盡請并寫劉武周薛仁杲竇建德王世充擒獲之狀太宗曰彼皆一時英雄朝臣或嘗北面事之使覩其故主能不傷乎瑀謝不及時魏徵欲上偃武修文故每侍宴見七德舞輙俛首不視見九功舞則諦觀之

錄曰孟子曰獨樂樂與人樂樂孰樂曰不若與人與少樂樂與衆樂樂孰樂曰不若與衆太宗庶幾與人與衆者矣徵不推明其意而輙俛首不觀異乎孟子之導齊王者矣

十二年帝還宮宴五品以上于東宮上曰貞觀之前從朕經營天下玄齡之功也貞觀以來繩愆糾繆魏徵之功也皆賜之佩刀又曰朕政事何如往年徵曰往以未治爲憂故德義日新今

以旣治爲安故不逮貞觀之初恐人不諫常導之使言悅而從之今雖勉從猶有難色所以異也上曰可得聞與對曰陛下昔欲殺元律師孫伏伽謂法不當死賜以蘭陵公主園此導之使言也司戶柳雄妄訴陛下欲誅之納戴胄之諫而止是悅而從之也近皇甫德參諫修洛陽宮陛下恚之雖以臣言而罷勉從之也上曰非公不能及此人苦不自知爾

錄曰觀易之吉凶消長可以知諫諍之進退得失矣漢屈羣策高祖以大度臨之其所用於漢者卽其所棄於楚者也易曰東鄰之殺牛不如西鄰之禴祀實受其福其漢祖之謂乎唐懲隋亂太宗以重賞激之其盡忠於唐者卽其獻諛於隋

者也易曰不遇其祖遇其妣不及其君遇其臣其唐宗之謂乎然重賜之加不可爲繼惟以至公處之無我臨之庶幾無始勤終怠之弊乎抑太宗之世君臣宴會不以盤樂怠傲自安惟以納諫修文相厲可謂能知自強者矣此貞觀之治所以煥然可觀也

玄宗開元十七年八月癸亥上以生日宴百官于花蕚樓下左丞相源乾曜右丞相張說帥百官上表請以每歲八月五日爲千秋節布告天下咸令宴樂

錄曰以生日而思劬勞者人子愛慕之情也因生日而致頌禱者臣子忠愛之願也唐之此禮未爲過舉但說與乾曜未

嘗發乎本心之誠特因上之宴賜故效此以容悅耳非若天保祝君之懇至也及明年二月復令百官選勝行樂豈不近於流連荒亾者乎

肅宗即位靈武文武官不滿三十人制度草創武人驕悍大將管崇嗣在朝堂背闕而坐言笑自若御史李勉奏彈之繫於有司上特原之嘆曰吾有李勉朝廷始尊

錄曰自金鑑之後唐之宗社板蕩矣勉以宗臣之表立綱陳紀當與人殊其尊朝廷特暫時片言之間非有範圍周旋之等使帝因是而知承運之不可苟幾微之不可忽加勉以大任特舉而抨彈之奮其乾斷以折武夫悍將之氣不使偏裨

得麥主帥節度廢立得由軍士異日藩鎮之擾不如是也徒務姑息爲恩不知漸不可長獨一李勉如唐室何故觀上之特原而惜唐之不振矣

舊唐書德宗尊郭子儀爲太師號尚父詔曰天地以四時成物元首以股肱作輔公台之任鼎足相承上以調三光下以象五岳允釐庶績鎮撫四裔體元和之氣根貞一之德功至大而不伐身處高而更安尚父比吕望之名爲師增周公之位具官汾陽郡王天降人傑生知王佐訓師如子料敵若神扶翼宗祊載造區夏於國有難勞其戡定於邊有寇藉其驅除安社稷何有於絳侯定羌戎無踰於充國絳臺綏四散之衆涇陽降十萬之

師勳高今古名譽遐荒忠貞已懸於日月寵遇當冠於人臣尊其元老加以重號

錄曰夫有謙光之德而後有至顯之號尙父者周所以尊太公也由漢歷唐惟子儀可以當之無愧若王行瑜劉守光特逆命之魁耳錢鏐雖有保障吳越之功加於一方則可加於天下則未也

按師尙父之號昉自周太師呂尙蓋因其官而尊之因其名而親之也古人尙質相呼以名其曰尙父與尙書君奭君牙正同若齊桓任管仲稱之仲父項羽用范增呼曰亞父大畧可見夫三公承天論道爲國元老不特禮絶百僚

即天子亦所當敬故因其官因其名而加之號以展尊親之意子儀以字行而德宗亦號之師尚父僅沿其名而不考其所自此何禮也厥後屢以此號加於叛竊其例遂止如秦始號不韋爲仲父而繼此遂無襲之者也蓋名以人重豈人以名重邪

綱目肅宗寶應元年秋郭子儀入朝以程元振忌遂留京師代宗大曆二年二月郭子儀入朝因子郭曖待罪十二月郭子儀入朝以魚朝恩素惡子儀發其父冢不較四年春郭子儀入朝以元載告魚朝恩謀不利不聽九年春郭子儀入朝增朔方卒十年春郭子儀入朝奏除州縣官一人不報十三年冬郭子儀

入朝至是凡七書法曰此子儀所以爲純臣也

錄曰春秋二百四十二年間夫子書朝于王所者二如京師者一而肅代二十餘年間朱子書子儀入朝凡七且目不絶書人不絶談莫匪守禮之實所以功蓋天下而主不疑位極人臣而衆不嫉也光弼愧之多矣易曰勞謙君子有終吉繫辭曰勞而不伐有功而不德厚之至也語以其功下人者也德言盛禮言恭謙者致恭以存其位者也其令公之謂夫

按馮唐對武帝云古者遣將命辭曰閫以外將軍制之此將將之道而非將兵者敢以自挾也蓋臨陣勦敵呼吸變幻乘瑕投隙間不容髮若必奏請廟謨或從中制必致往

返遲延坐失機會故惟兩軍相當則以一將爲行止外此而進退去留惟君所使所以安臣分也戰國時務相爭勝權在帥師師於是有將在軍君命有所不受之說孫武斬寵姬吳王請而弗許穰苴戮莊賈齊王赦而不從甚至亞夫細柳之營其令不能行於士卒夜驚格鬬直至帳下而其威反欲加於天子不得馳驅則上下倒置非禮之尤者矣夫大將之令所以能行於軍中者亦以有天子命故耳倘將不知有君士卒又安知有將哉光弼素治軍嚴重諸將莫敢仰視迨至徐州恃功驕蹇屢召不赴田神功等遂不復稟畏以至愧恨而死順逆之際胡可昧然且臣之事君

也非但爲君亦以全已苟執持前說以逞已私下益其驕上滋其忌身必不能令終且爲後人藉口如僕固懷恩李懷光輩皆亞夫爲之厲階也汾陽功蓋天下而片紙出召束身歸朝鄂王功已垂成而金牌一至即便解嚴知有君命而不知有已之功故見容於猜主而誠無不孚即遭折於權姦而忠益顯白斯千古臣節之極則矣

宋記太祖嘗讀二典嘆曰堯舜之時四凶之罪止於投竄何近代法網之密邪於是立法鞭朴不行於殿陛罵辱不及於公卿故自開寶以來犯大辟非法理深害多得貸死惟贓吏棄市未嘗容貰

錄曰此宋朝家法過漢唐後世鮮能及也夫禮義廉耻人主所恃以鼓動維持舉末世於三代之隆者也縉紳之所以異於閭閻君子之所以別於凡民所繫非細誠如賈生所云小吏詈罵而榜笞之豈可以令衆庶見乎故終宋之世雖臣下有罪苟非贓犯法當竄逐人君自請與一善地未聞有受杖而斃受戮而辱者豈非祖宗用心之厚子孫守法之善乎使臣以禮莫大乎是

太宗嘗召翰林學士竇儀草制儀至苑門見上岸幘跣足而坐因卻立不肯進太祖遽索冠帶而後召入儀遂言曰陛下創業垂統宜以禮示天下不然恐豪傑聞而解體太祖斂容謝之由

是對近臣未嘗不束帶

錄曰帝之室欲非古之多欲者比其峅幘跣足一時之偶爾索冠歛容出於中心之誠非有所矯揉而爲之也儀本以厚重見推豈肯陷君無禮哉其卻立不進庶幾自重之道君臣之間蓋兩得之矣

太平興國八年親試禮部貢士于講武殿始分三甲錫宴于瓊林苑寵之以詩遂爲定制

錄曰鹿鳴之宴賓興之盛舉也瓊林之宴俊造之殊恩也士方始進而禮意之優渥不殊盛時宴饗賓客之典彼懷才抱德鋭志登庸者有不感激朝廷養士之厚哉

按後唐張文寶知貢舉所放進士中書有覆落者乃請下學士院作詩賦爲貢舉格命李懌爲之懌曰予少舉進士登科亦偶然爾假令予復就禮部試未必不落第安能與英俊爲準格邪歐陽修謂其識主司之體夫文章無一定之評科名非一世之積矧後生可畏來者正未可量而可宴然自詡爲作者乎宋杜正獻聞人善屬文即記其名緘之篋中劉集賢見後輩詩文輒稱揚不已韓忠獻見人所作稍工必斂手曰琦所不及古之大君子虛己自下實出中心之誠非僅謙退不遑而已然則懌之言亦自道其實耳世之得科名者愼無以文爲必得也可

仁宗天聖四年侍講胡瑗當召對例須先就閤門習儀瑗曰吾平生所讀書即事君之禮也何以習爲閤門奏准令就舟次習之上亦不之强人皆謂山野之人必失儀及登對乃大稱旨上謂左右曰胡瑗進退周旋舉合古禮

錄曰今時朝見之禮俱赴鴻臚習儀正恐草莽不知遂成故事載之典章而瑗獨破例上亦不强可見主德優容無所不至而盛時氣象亦畧可占矣

按司馬文正之喪伊川主之士大夫弔者見其動合古禮無纖微之愆東坡譏其父在何所演習而得純熟如是有左袒伊川者以嘗丁母艱爲解後考亭論曰夫人自幼入

小學因其良知良能首教以愛親敬長理會曲禮少儀儀禮內則凡周旋進退詠歌舞蹈人倫之大已無不講習及至大學則又持守而充拓焉有臨事不純熟者乎古人謂居喪讀禮亦平時理會過到臨事更加檢點非謂直至居喪始讀也此條正可合看

神宗熙寧元年富弼入覲許肩輿至殿門帝御內東門小殿令其子掖以進且命毋拜坐語從容訪以治道弼知帝果於有爲對曰人主好惡不可令人窺測苟可測則姦人得以傳會當如天之監人善惡皆所自取然後誅賞隨之則功罪無不得其實又問邊事對曰陛下臨御未久當布德行惠願二十年口不言

兵帝默然至日昃乃退

錄曰當仁宗之相弼也嘗有言曰隆之以虛禮不若推之以至誠今觀肩輿至殿坐語毋拜所謂禮也諫則必行言則必聽所謂誠也以神宗之初政如日方升而弼之老成如蓍方决誠哉對病之藥立效之砭乎奈何其不然也轉沛然之勢而爲默然之應虛禮雖隆推誠未至觀於二帝之間而其得失之判若霄壤矣

哲宗元祐元年詔太師文彦博平章軍國重事時年八十一太后特隆其禮令班宰相上六日一朝兩月一赴經筵時公對上恭甚進士唱名侍立終日上屢卻曰太師少休公頓首謝立不

去及程頤爲侍講以師道自居每侍上色甚莊繼以諷諫上畏之或謂曰君視潞公何如頤曰潞公三朝大臣事幼主不得不恭吾以布衣爲上師傅其敢不自重此吾所以不同也

錄曰孟子曰曾子師也父兄也子思臣也微也以潞公而當正叔之任必不肯廢坐講之禮以正叔而居潞公之位又豈能易敬慎之常所謂易地則皆然也

蘇軾爲翰林學士每經筵進讀至治亂興衰邪正得失之際未嘗不反覆開導覬有所啓悟嘗召見便殿太皇太后問曰卿今居何官曰待罪翰林學士曰何以遽至此曰遭遇太皇太后皇帝陛下曰非也豈大臣論薦乎曰亦非也軾驚曰臣雖無狀不

敢自他途以進曰此先帝意也先帝每誦卿文必嘆曰奇才奇才但未及進用耳軾不覺哭失聲太皇太后與帝亦泣已而命坐賜茶撤御前金蓮燭送歸院

程頤請就崇政延和殿講讀上疏曰臣近言邇英漸熱乞就崇政延和殿聞給事中顧臨以延和講讀爲不可臣料臨意不過謂講官不可坐殿上以尊君爲說爾臣以本朝故事言之太祖召王昭素講易眞宗令崔頤正講尚書邢昺講春秋皆在殿上坐講立講之儀始於明肅太后之意此祖宗尊儒重道之盛美豈獨子孫所當法萬世帝王所當法也今世俗之人能爲尊君之言而不知尊君之道人君惟道德益高則益尊若勢位則榮

高極矣尊嚴至矣何可復加也

錄曰程頤之議坐講也凜乎其正蘇軾之見便殿也懽乎其遇一則宋朝家法遠過漢唐一則太后慈仁有同堯舜百世而下令人起敬起慕之不置豈不美哉

按程子嘗言二蘇聰明過人所說語孟儘有好處葢天地間道理不過如此有時見得到皆聰明之發也楊道夫言坡公若與伊洛相排程允夫謂其躬行不在二程後至朱子與汪尚書往復辨蘇學邪正言其文之高妙處只是說禪如大悲閣中和院記之屬且以禪攻禪竊意二程之學始焉未得其要亦不免出入於佛老迨返而求諸六經踐

履篤實然後辭而闢之東坡年少氣豪其始也直欲夌轢楊韓希心顔孟何嘗不痛詆禪學及至中歲坎軻淪落其抑鬱無聊塡塞胸臆不得不托身淸淨空虛以澹其利鎖名韁之習如昌黎在憲宗時上表請燒佛骨頗爲伊洛所推許晚年流竄困折之餘被大顚覷着病根便致造廬海上留衣作别昌黎非果於忘世者而大顚以曠達之說破之不覺爽然爲其所引自古文人不得志於時藉此排遣往往有之神宗誦其文第目之爲奇才以云正學則蘇之與程固自有辨然又何待辨哉

禮志太祖卽位之明年太常博士聶從義上三禮圖詔集儒士

詳定開寶中命中丞劉溫叟舍人李昉知制誥盧多遜補闕賈黄中員外郎和峴等撰開寶通禮二百卷本唐開元禮損益之既又定通禮義纂一百卷太宗尙儒雅修明典章大抵曠廢舉矣眞宗承重熙之後天下無事於是封泰山祀汾陰蓋一時彌文之制也仁宗天聖初博士王皡取國初至乾興所下詔勅刪去重複類以五禮之目爲禮閣新編六十卷景祐四年賈昌朝撰太常新禮及祀儀皇祐初文彥博撰大饗明堂記二十卷至嘉祐中歐陽修纂集散失命官設局主通禮而記其變及新禮以類相從爲百卷賜名太常因革禮異於舊者蓋十三四焉

錄曰愚觀史之微意而爲仁宗致惜不旣多乎何也太祖承

五代之亂雖以禪受而王未能身任制作之實太宗當興國之運昆從多致慚沮何有盡善盡美之圖眞宗彌文之制不滿者多矣至於仁宗當積德百年之餘正制禮作樂之日且帝之所稟者以仁禮存心其所施者以敬愛爲本固非他君可髣髴也苟有如周公者輔而相之建中和之極金聲而玉振之何至率史文之舊無著述之體如史氏所惜哉且仁宗篤於好學嘗因王洙講周禮命畫車服冠冕籩豆簠簋之制而不能詳其制作之本以自企於三代之隆况其他者乎夫至禮與天地同序至樂與天地同和苟非天下至誠盡其性以至參贊天地不能及也宋興人主之學惟務博覽如太平

廣記冊府元龜類書一時文具然則仁宗之所好亦不過器數之末爾無怪乎不能副所望也

朱熹乞修三禮云臣聞之六經之道同歸而禮樂之用爲急遭秦滅學禮樂先壞漢晉以來諸儒補緝竟無全書其頗存者三禮而已周官一書固爲禮之綱領至儀法度數則儀禮乃其本經而禮記郊特牲冠義等篇乃其義疏耳前此猶有三禮通禮學究諸科禮雖不行而士猶得以誦習而知其說自熙寧來王安石廢罷儀禮獨存禮記之科棄經任傳遺本宗末其失已甚而博士諸生不過誦其虛文以供應舉其間亦有因儀法度數之實而立文者則咸幽冥而莫知其源一有大議率用耳學臆

斷而已臣嘗考訂其説欲以儀禮爲經而取禮記及諸經史雜書所載有及於禮者皆以附本經之下具列註疏諸儒之説畧有端緒而私家無書檢閲無人抄寫久之未成望特詔有司許就秘省關借禮樂之書自行招致舊日學徒令其編類逐月量支錢米以給飲食庶可興起廢墜垂之永久使士知實學異時可爲聖朝制作之助則斯文幸甚

錄曰宋自中葉濂洛關閩諸賢輩出周子曰陰陽理而後和故禮先而樂後曰優柔中平德之盛也天下化中治之至也是謂道配天地古之極也程子曰禮所以立身也安禮而和樂斯爲盛德矣曰禮之所尊尊其義也失其義存其數祝史

之事也張子曰禮所以持性禮本出於性持性反本也曰禮非止著見於外亦有無體之禮除了禮天下更無道矣朱子曰禮是天理之當然欠他一毫不得添他一毫不得惟是聖人之心與天合一故行出這禮無一不與天合嗚呼斯數言者豈非制作之本與苟使羣哲得其位行其道宋之一代禮樂必有以絫於先代者奈何徒自修之於家未見達之在上而王呂章蔡秦韓賈史之徒相繼居位擅制作之權致使學士大儒無書檢閱無人抄寫亦可慨矣雖然尚有學徒可集及門可托較以今之勢利併學徒及門無聞焉而甘心毛額自相對局其爲寥落又何啻什百乎

按周禮一書河間獻王得之李氏至劉歆篤信爲周公致治太平之迹始置博士教授雖陳氏歐陽氏及何休蘇轍胡宏有紛紜之論然教民養士之法纖悉備具自非聖人經畫區處無此各當若夫禮記則諸儒各撰所聞成非一人之手如公孫尼子作緇衣呂不韋作月令漢博士述王制公孫弘記樂記河間獻王所上者一百三十一篇后蒼撰說者一百八十篇戴聖刪之止存四十六篇而劉向所校凡五種合之且二百四十篇後世所傳卽戴聖刪本而儀禮自魯高堂生以來延及徐襄公戶滿意桓生單次瑕丘蕭奮皆有傳焉然儀禮有冠禮而禮記便有冠義儀禮

有昏禮而禮記便有昏義以及燕射之類莫不皆然故考亭定禮記爲儀禮義疏實非臆斷但禮記中殊多謬説如檀弓所載變禮之始及孔門諸事王制稱方伯三監內則言士大夫之妻入宮乳世子是皆不經不可盡信又如儒行誇詡鋪張類戰國之氣習明堂位七年還政俑新莽之潛移焉知非當時藉以自文者哉倘編修果成當必刊訛著正萬世可遵而惜其不遂也洵乎著述之手曠世難逢其人而書籍之資廩給之費學徒之助咸不可少此編纂之所以難也

弘道錄卷之十一終

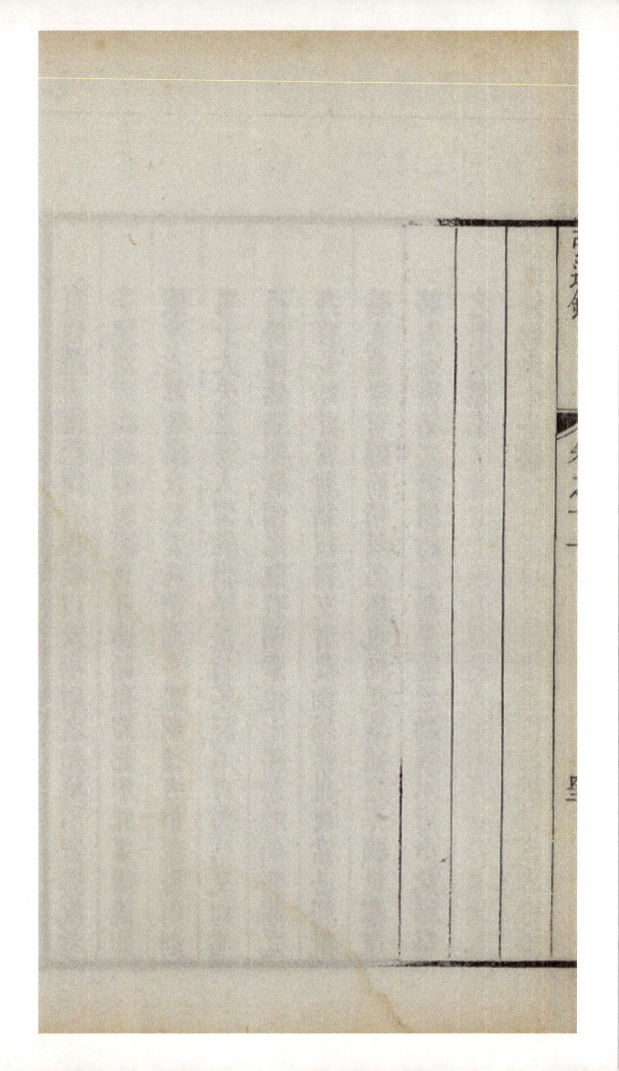

弘道錄卷之十二

明刑部員外郎仁和邵經邦弘齋學

皇淸詹事府少詹事四世孫遠平補案

父子之禮

虞書祗載見瞽瞍夔夔齊慄瞽亦允若

錄曰漢高帝嘗賞家令矣以太公之迎擁篲也人皆曰父不得而子又嘗幸新豐矣以太公之樂箕踞也人皆曰君不得而臣而不知此咸丘蒙之說也夫父子之分本乎知覺自然之性先天地而立者也君臣之禮由於上下維持之故後天地而生者也是故父子之分可該乎君臣之禮君臣之禮不

可易乎父子之分彼以擁篲爲敬者曾知所謂祇載見者乎以箕踞爲樂者曾見所謂夔夔齊慄者乎以云父不得而子者片言之間毫釐千里不可以不明辨也

孟子孝子之至莫大乎尊親尊親之至莫大乎以天下養爲天子父尊之至也以天下養養之至也

錄曰孝子之至莫大乎尊親舜既爲天子矣何不尊瞽瞍爲帝也又曰爲天子父尊之至也舜雖不尊瞍爲帝亦未聞稱堯爲父也斯二者何居曰追王之禮至周始備似未可依舜以爲據而皇伯之號自宋始著尤不當準濮以爲法要之天敘天秩不可改也繼統承祧不可後也其所以不可後者立

天下之大本所以不可改者行天下之達道也二者固並立並行而不相悖也苟徒執尊親爲重而不以統緒爲尊是不知舜繼堯之大也徒執所後爲重而奪其私親之恩是不知尊瞍之至也其失在不善觀爲君者有父道之言遂以爲眞父而不可易亦不善觀爲人後者爲之子之言遂以爲眞子而不可改也故皆有所不達也

中庸子曰舜其大孝也與德爲聖人尊爲天子富有四海之内宗廟饗之子孫保之

錄曰或問舜未嘗尊瞽瞍也何以曰宗廟饗之亦未嘗傳子也何以曰子孫保之曰此大聖之心人所不能窺度者也夫

瞽瞍無與於帝之統者也尊之則未必能饗矣商均未及乎薦之天者也傳之則未必能保矣尊瞽瞍爲天子父尊之至也饗瞽瞍以天子禮饗之至也故曰宗廟饗之也虞思封于虞胡公封于陳大聖人之後封之至也故曰子孫保之也

禮祭法夏后氏禘黃帝而郊鯀

錄曰劉氏註曰五帝官天下自虞以上祖功宗德當如鄭註之說三王家天下則鯀當爲祖亦不當郊耳曰此正所謂並立並行而不悖者也夫有虞氏禘黃帝而郊嚳祖顓頊而宗堯此純乎統承之義蓋以官天下言也而爲天子父瞽瞍之尊固自若也初未嘗併廢其所親也至禹立功本於致孝而

地平天成萬世永賴殷薦之上帝故不得不以鯀配蓋以家天下言也剏鯀之治水多歷年所有鯀而後有禹則今之東漸西被豈敢忘所自哉然而鯀之名亦自若也初未嘗追尊以爲帝也此二帝三王之禮萬世無弊者也

按郊祭之禮爲有天下者所最重蓋人主不可一歲不事天故冬至郊祀而以始祖配饗三代以上皆然有虞郊嚳夏后郊鯀尊親不同但鯀之得郊論者羣以爲非是不過謂被殛之人豈可與皇天合撰不知鯀之殛非死刑也宋太祖讀二典歎曰堯舜之時四凶止於投竄何近代法網之密邪此語可爲確証孟子以竄爲殺朱子訓殛爲誅蓋

本左氏誅四凶之文至蔡仲默註尚書亦覺其誤而特改殛之釋爲拘囚困苦非背師說也且鯀之治水亦非無功也倘非先此之九載勤勞安得八年底績乎子孫之於父祖諱其惡而彰其功何况身爲天子反追求先人之疵不得與於大祀詎情理之所敢出哉桓元篡位以祖彝兵死而止立禰廟以前俱不奉祀此無父無君之尤者烏可據爲例邪

商書高宗肜日越有雊雉祖已訓于王曰惟先格王正厥事惟天監下民典厥義降年有永有不永非天夭民民中絶命民有不若德不聽罪天既孚命正厥德乃曰其如台嗚呼王司敬民

罔非天亂典祀無豐于昵

錄曰按高宗以上祖丁傳南庚南庚傳陽甲乃祖丁之子自是歷盤庚小辛小乙三傳皆祖丁之子兄終弟及惟高宗乃小乙之子繼立則祖巳之訓有自也肜者繹而祭之名也向祭於宗而又祭於禰廼小乙也於是而有雊雉之異天所警於武丁至矣其曰罔非天亂即爲人後者爲之子之義也曰典祀無豐于昵即不得顧私親之義也夫高宗親承嫡嗣紹有父服惟陽甲盤庚小辛在上一豐于昵即有變徵矧在後世可不思哉

禮記文王爲世子朝於王季日三鷄初鳴而衣服至寢門外問

內竪之御者曰今日安否何如曰安文王乃喜及日中又至亦如之及莫又至亦如之其有不安節則內竪以告文王色憂行不能正履王季復膳然後亦復初食上必在視寒煖之節食下問所膳命膳宰曰末有原應曰諾然後退武王帥而行之不敢有加焉

錄曰問寢視膳常行之事也而曰不敢有加者盖人子之心無窮或至於太過則反不能及矣宋孝宗之事高宗父子處於一室既同寢聯榻復截竹爲筒空其間置金彈一丸時復往來以通安否則近於兒女子態文武之所不敢加者也

淮南子周公之事文王也行無專制事無由已身若不勝衣言

若不出口有奉持於文王洞洞屬屬然如弗勝如恐失之可謂能子矣

錄曰以周公之擅制作而曰行無專制事無由巳何也盖禮樂者朝廷之事巳可得而專也志行者存歿之規非巳之可專也人惟三年無改而後萬世不易凡有一日之專則非終身之慕矣此家與國之異同人子所當知也

孝經昔者周公郊祀后稷以配天宗祀文王于明堂以配上帝是以四海之內各以其職來祭詩云我將我饗維羊維牛維天其右之儀式刑文王之典日靖四方伊嘏文王既右饗之我其夙夜畏天之威于時保之

錄曰陳氏曰天即帝也郊而曰天尊之也故以后稷配焉后稷遠矣配稷于郊亦以尊稷也明堂而曰帝親之也故以文王配焉文王親也配文王于明堂亦以親文王也尊尊親親而周道備矣然則郊者古禮而明堂者周制周公以義起之也愚觀明堂之饗不但崇以虚禮而必曰儀式刑文王之典此嚴父配天之實也天者尊而不可尚故曰庶其饗之不敢加一辭焉於文王則所以法之者不一而足天不待贊法文王所以法天也未言畏天之威而不及文王者統於尊也畏天即所以畏文王也天與文王一也後世明堂郊祀間亦舉行而紛紜聚訟治效不古則祟之以虚禮不若隆之以實事

之爲愈也

按郊祀后稷以配天周公所制鄭康成誤解國語禘嚳之文謂禘卽是郊以嚳配饗劉炫因之遂云夏正郊天后稷配也冬至祭天帝嚳配也殊不知周正郊天配稷非以嚳配卽夏正郊稷祈穀並非配天觀左傳孟獻子曰郊祀后稷祈農事也其言可據況禘嚳之禮行於始祖廟中而郊天則惟氾埽反道掃道而祭至於祈穀郊稷雖亦祭于郊自有置立之壇壝社稷本是一壇上無棟宇喪國之社則屋之月令祈穀於上帝者因社主祭地地生萬物故祈穀必於斯中庸謂郊社之禮所以祀上帝地統於天亦曰上帝也諸

侯不得祭天而社稷在所必祭配天郊稷歌生民之詩祈穀郊稷歌思文之詩一是履帝武敏歆推本所生之異一是帝命率育稱頌養民之功意指本不相混其四鄉各立方社亦爲祈穀則但土穀之神與諸侯不同耳明堂九室一室有四戸八牖上員下方方一百一十二丈東西南北中各從其色各異其名王者歲入十八宗祀一告朔布政十二四時迎氣祀五帝四養老一迎氣祀五帝卽月令帝太昊帝炎帝帝黃帝帝少昊帝顓頊之屬故禮儀志曰明堂者所以通神靈感天地出教化崇有德也

敢問聖人之德何以加於孝乎故親生之膝下以養父母日嚴

聖人因嚴以教敬因親以教愛聖人之教不肅而成其政不嚴而治其所因者本也父子之道天性也父母生之續莫大焉故不愛其親而愛他人者謂之悖德不敬其親而敬他人者謂之悖禮君子則不然言思可道行思可樂德義可尊作事可法容止可觀進退可度以臨其民是以其民畏而愛之則而象之故能成其德教而行其政令詩云淑人君子其儀不忒

錄曰此教敬教愛萬世人子之良規也夫嚴父配天莫大之典未易稱也文王在上於昭于天未易法也而不知生之膝下一體而分其分至嚴而未之或違也其道至高而莫之與閒也能循循於言行政事容止進退之閒而所以儀式刑者

不外是矣詩不云乎紹庭上下陟降厥家有事於尊祖配天者當以此爲法

書顧命乙丑王崩太保命仲桓南宮毛俾爰齊侯呂伋以二千戈虎賁百人逆子釗于南門之外延入翼室恤宅宗丁卯命作冊度王麻冕黼裳由賓階隮卿士邦君麻冕蟻裳入卽位太保太史太宗皆麻冕彤裳太保承介圭上宗奉同瑁由阼階隮太史秉書由賓階隮御王冊命曰皇后憑玉几道揚末命命汝嗣訓臨君周邦率循大卞燮和天下用答揚文武之光訓王再拜興答曰眇眇予末小子其能而亂四方以敬忌天威乃受同瑁王三宿三祭三咤上宗曰饗太保受同降盥以異同秉璋以酢

授宗人同拜王答拜太保受同祭嚌宅授宗人同拜王答拜太保降收諸侯出廟門俟

錄曰此天王之卽位天下萬世敎乎其禮夫子法之以作春秋者也夫天王承天受命與諸侯本相懸也而體元居正大一統正五始則諸侯至天子一也故春秋書元年公卽位其成康周召之遺法與後世若漢武帝唐太宗知有顧命而不知虎賁干戈迎自南門示以臨君大寶之禮周勃狄仁傑知迎太子而不知作冊度陳寶玉命以率循大卞之法至宋太祖大漸宮人私侍皆不得聞卒啟燭斧之疑千古未破又豈所以爕和天下也哉若乃納君拒父兄攝子逐往往稱干比

戈納賂招賄較之斯禮何啻逕庭邪

禮冠義凡人所以爲人者禮義也禮義之始在於正容體齊顏色順辭令而后禮義備以正君臣親父子和長幼而后禮義立故冠而后服備服備而后容體正顏色齊辭令順故冠者禮之始也古者聖王重冠冠禮筮日筮賓所以敬冠事敬冠事所以重禮重禮所以爲國本也故適子冠於阼以著代也醮於客位加有成也三加彌尊喻其志也冠而字之敬其名也古者冠於廟所以尊重事尊重事而不敢擅重事所以自卑而尊先祖也

錄曰子之於親日必三朝服必三年而親之於子冠必三加所以禮其子也故冠雖有異代士與諸侯同一阼也季武子

請及兄弟之國而假備乃冠于衞成公之廟則非禮矣以爲敬大國之命則可以爲嘉彝褱之成則不可也

國語趙文子冠見欒武子曰美哉昔吾逮事莊主華則榮矣實之不知請務實乎見中行宣子曰美哉惜也吾老矣見范文子曰而今可以戒矣夫賢者寵至而益戒不足者爲寵驕故興王賞諫臣逸王罰之見郤駒伯曰美哉然而壯不若老者多矣見韓獻子曰戒之此謂成人成人在始與善始與善善進善不善蔑由至矣始與不善不善進不善善亦蔑由至矣如草木之產也各以其物人之有冠猶宮室之有墻屋也糞除而已又何加焉見知武子曰吾子勉之夫成子道前志以佐先君道法而卒

以政可不謂文乎夫宣子盡諫於襄靈以諫取惡不憚死進可不謂忠乎有宣子之忠而納之以成子之文事君必濟見苦成叔子曰抑年少而執官者衆吾安容子見溫季子曰誰之不如可以求乎見張老而語之張老曰善矣從欒伯之言可以滋范叔之教可以大韓子之戒可以成物備矣志在子若夫三郤亡人之言也何稱述焉知子之道善矣是先主覆露子也

錄曰愚觀晉諸大夫之言乃知當時之尚禮也夫冠者禮之始也朔文子幼而無父弱而未立所以責其爲人子爲人弟爲人臣爲人少者之禮尤與他不同而驕侈縱佚勢所必至諸君子既能爲之請以復其爵邑可謂協恭之義矣苟責善

之言不聞忠順之行未備何以媲美於先子哉有欒范獻子黽勉於前有成季張老申重於後佳哉禮之範乎文子之有立非偶然矣

按晉欒黶娶於范宣子生欒盈初黶以私憤逐范鞅使奔秦鞅怨之故與盈同爲公族大夫而不相能及黶卒有愬盈將爲亂范鞅爲徵者平公乃逐盈盡殺其族先是下宮之難欒郤爲徵而趙氏滅三郤之難欒書爲徵而郤氏滅及欒盈之難范鞅徵之而欒氏遂滅是郤一爲徵以滅趙欒且兩爲徵以滅趙郤而欲盈之免也得乎天道好還不去其枝葉而絶其本根不已也世徒謂欒亡於黶之汰虐

其亦不知天道者哉惟是欒書弒逆而盈則無罪亦猶趙穿弒逆而同括無罪貽謀不臧流禍至烈尤可戒矣

春秋閔公二年夏五月乙酉吉禘于莊公僖公八年秋七月禘于太廟用致夫人

錄曰此春秋第一義也夫三代之治同歸而禮樂之用爲急禮非自天造地出也緣乎人情而已禘者從乎帝者也吉禘于莊公其義何居用致夫人其禮安在所謂奚取於三家之堂夫子之所貶深矣哀姜僭亂從誅以尊祀其夫然後僖公背義徇情以崇致其母君臣不以爲非舉國莫知其是故夫子他日又曰是可忍孰不可忍斯言所由以發寧獨爲季氏

之八佾哉讀者必合而觀然後知聖人所存之深意而胡傳以致生者爲義盖不察乎此也

按毛氏春秋謂禘祭有三一是五年之祭祭所自出之帝以始祖配一是四時之祭春礿夏禘秋嘗冬烝一是喪畢即吉之祭新主將入禰廟則必祧遠主於遷廟因合六廟之主升食太祖之廟以審諦所親謂之吉禘也時禘吉禘列國皆有如左氏所紀晉人荅穆叔云以寡君之未禘祀謂晉悼初薨斯時尚未吉禘也惟祭所自出爲王者大祭而魯爲宗國得以文王爲自出之帝故太廟應用天子禮樂正如杞之禘禹宋之禘契相同而祭統謂魯之有禘因

成王賜而得之則誤矣其後魯君用於羣公之廟已屬非禮故孔子不欲觀而况舞於季氏之庭歌於三家之堂則忍於無君之甚耳又謂郊祭亦有二一是冬至報反之祭祭天而以稷配在子月天子用之一是元日祈穀之祭專祀后稷在寅月諸侯亦得用之因稷本農官至周不改與長至截然不同如必執禮運郊禘非禮一言以爲魯不當祀稷將使魯無社稷乎其辯甚確然禮經雖由漢儒雜擬去周未遠其說未必無據且魯頌有云春秋匪解享祀不忒皇皇后帝皇祖后稷言春而兼言秋言祖而先言帝則魯之郊祭不獨祈穀爲然正與禮器魯人將有事於上帝

必先有事於類宮之語相合則亦未可盡非之也

儀禮孔子侍坐於哀公公曰寡人願有言孔子曰昔三代明王必敬妻子盖有道焉妻也者親之主也子也者親之後也是故君子無不敬也敬身爲大身也者親之枝也不敬其身是傷其親傷其親是傷其本傷其本枝從而亡身以及身子以及子妃以及妃君修此三者則大化愾乎天下矣

錄曰此節言父敬其子之禮以下子敬其父之禮

公曰敢問何謂敬身孔子對曰君子言不過辭動不過則百姓不命而敬恭若是則可謂能敬其身能敬其身則能成其親矣

公曰敢問何謂成親曰君子者人之成名也百姓歸之名謂之

君子之子則是成其親爲君子也是爲成其親之名也已公曰敢問何謂成身曰夫其行已不過乎物謂之成身不過乎物合天道也公曰君子何貴乎天道也曰貴其不已也如日月東西相從而不已也不閉而能久無爲而物成已成而明之是天道也公曰寡人惷愚冥煩子志之心也孔子蹴然辟席而對曰仁人不過乎物孝子不過乎物是故仁人之事親也如事天事天如事親此謂孝子成身公曰寡人旣聞此言也無如後罪何曰君之及此言是臣之福也

錄曰此極言其禮之至也夫鷄初鳴咸盥漱者凡民之行也成身成名者君子之事也推而至於天道不已至誠無息蓋

父子之道天道也天以至善加於父而後及於其子是父子之性卽天性也君子盡性與天地參則盡父之道盡父之道天道不外是矣是眞能事親如事天事天如事親二者一而二二而一也故旣曰孝子又曰仁人如是而後爲父子之禮之至而偏履著綦應唯敬對非所論矣

論語孟懿子問孝子曰無違樊遲曰何謂也子曰生事之以禮死葬之以禮祭之以禮

錄曰愚觀成周之制有以窺見無違之旨也夫文王爲世子朝於王季日三武王率而行之不敢有加此生事之禮也父爲大夫子爲士葬以大夫祭以士父爲士子爲大夫葬以士

祭以大夫此葬祭之禮也及其衰也大夫用禮樂陪臣執國命而生事不以禮矣視桓楹而設撥歌雍詩以徹饌而葬祭不以禮矣然豈仁人孝子之用心哉違禮愈甚則其失愈遠而僖子者方以不能相禮爲病使其子事夫子而學禮焉奈何始墮成而反紿終背郕而取田卒不免背亂僭差其於問孝之意又何有哉

按春秋時私家之强皆恃大都耦國設險自固其旣也都邑大夫卽起而操私家之柄封建流弊勢必至此當三桓盛時叔孫有郈季孫有費孟孫有成未幾侯犯以郈叛南蒯公山弗狃以費叛公斂處父據成而不肯下故孔子爲

司寇先墮三都以解尾大之患及費郈已墮而公自圍成不克者蓋郈費叛而成不叛故不用克也不覿公斂氏之言乎成魯鄙之保障無成齊人必至於北門是爲孟氏小而爲魯事大故從而聽之未必由何忌之反約若胡氏謂孔子得政未專之故然則旣攝相而又不墮將何說邪

孟子滕定公薨世子謂然友之鄒問於孟子孟子曰親喪固所自盡也三年之喪齊疏之服飦粥之食自天子達於庶人三代共之孔子曰君薨聽於冢宰歠粥面深墨卽位而哭百官有司莫敢不哀先之也上有好者下必有甚焉者也然友反命世子曰然是誠在我五月居廬未有命戒百官族人可謂曰知及至

葬四方來觀之顔色之戚哭泣之哀弔者大悅

錄曰孟子之時喪禮旣壞不知父母之喪自始至終哀傷慘怛出於自然非有矯揉而爲之者惟其溺於流俗之弊是以喪其良心而不知耳文公見孟子得聞性善之說則固有以啟發其良心矣至此而哀痛之誠發焉及其斷然行之而遠近見聞無不悅服則以人心所同然者自我發之亦有不期然而然者人性之善豈不信哉漢文帝深於黃老今觀遺詔曰天下萬物之萌生靡不有死死者天地之理萬物之自然奚可甚哀當今之世咸嘉生而惡死厚葬以破業重服以傷生吾甚不取且朕旣不德無以佐百姓又使重服久臨以罹

寒暑之數哀人父子傷長老之志損其飲食絕鬼神之祭祀以重吾不德謂天下何嗚呼此老氏之遺論帝將胥天下而遷之故其言如此又曰其令天下吏民令到出臨三日皆釋服自當給喪事服臨者皆無跣經帶毋過三寸毋布車及兵器毋發人哭臨宮殿中嗚呼此又以薄爲其道之說帝旣未見及此加以景帝天資近薄而竇后亦好黃老言由上至下皆以其說爲至當於是斷然行之人惟不審其故徒歸罪於景帝不知當時景帝於心無所不安設有孟子者出與之深論性善之本原而後及於三年之喪自天子達於庶人之論則雖有遺詔景帝必有所不安於心亦或能改之矣此以見

聖賢之與異端關乎大禮之是非不小也

按虞書堯崩百姓如喪考妣四海遏密八音言賜姓百官皆如服父母喪薄海黎庶亦銜哀而輟歡樂親疎以漸而殺遠近由地以分莫不傷痛慘怛由斯觀之繼嗣之主親承授受詎有以日易月錦衣玉食者乎考諒闇之制夏商周通行之三年不言外事非不欲言亦非有制之使不言特悲哀之情痛疾之意一於所生良心不容過抑自不暇及庶政非故爲沈默以博孝名也或謂萬幾待理豈能一日虛曠總已以聽冡宰保無意外之虞不知當時任用悉是親賢非阿衡之一德即周召之懿親臨政之後尚當委

任無貳何嫌何疑而以後代揆莽之事例之明良合德之世乎第狙詐取國歷代相沿故親賢一無可恃惟恐師我故智耳然漢文以後毅然行三年喪者往往而有雖未盡如諒闇若能即此充之大禮必復諸葛武侯即不易得如霍子孟輩三代後豈遂無其人哉

漢書河間惠王獻王曾孫也西京藩臣多驕放其名德者爲獻王惠王能修獻王之行毋薨喪服盡禮哀帝褒之曰河間王良喪太后服終三年可爲宗室儀表益封萬戶

錄曰惠王景帝元孫也漢制以日易月凡四世矣惠王獨毅然復古終漢之世所僅見也以獻王之賢而能招致儒生講

求古禮此其所以有象賢之孫矣

晉書文帝崩國內服三日武帝亦遵漢魏制既葬除喪然猶深衣素冠降席徹膳太宰司馬孚等奏曰陛下既已俯遵漢魏降喪之典以濟時務而情過乎哀雖武丁行之於殷世曾閔履之於布衣未足以踰方今荊蠻未賓萬幾動勞神慮宜勅御府易服太官復膳如舊制詔曰每感念幽冥而不得終苴絰於草土以存此痛況當食稻衣錦誠詭然激切於心非所以相解也朕本諸生家傳禮來久何至一旦便易此情於所天相從已多可試省孔子答宰我之言無事紛紜也言及悲殺奈何奈何孚等重奏陛下以萬乘之尊履布衣之禮服麤席藁水飲蔬食殷憂

內盈毀悴外表然而躬勤萬幾坐以待旦降心接下反不遑食所以勞力者如斯之甚誠懼神氣用損以疢大事詔曰重覽奏議益以悲剝不能自勝三年之喪自古達禮誠聖人稱情立哀明恕而行也神靈日遠無所訴告雖薄於情食旨服美所不堪也不宜反覆重傷其心言用斷絶帝遂以此禮終三年

錄曰按文帝之喪國內服三日者未禪代之典也武帝亦遵漢魏既葬除喪者已禪代之制也然不過深衣素冠降席徹膳則帝所存者亦如心喪耳初未嘗斬衰三年也孚等何庸激切若是乎方是時清議不行縱酒昏酣輕蔑禮法親死不悲一旦有如帝者哀毀之情痛戚之意雖未純乎古禮已足

傾駭觀瞻矣雖然禮莫大於朝廷莫重於禪代晉之喪尚未除魏之禪則已受其玄衮赤舄之輝煌聲名文物之布置鐘鼓玉帛之交錯雖欲勿用誰其舍諸必欲如晉武者恪守臣節誓死無二然後避居倚廬麤衣蔬食敦曾閔之風薄宰予之行夫誰得而奪之不則以承運嗣興之初詭拒食稻衣錦之事將誰欺乎

中軍將軍羊祜謂傅玄曰三年之喪雖貴遂服禮也今上至孝雖奪其服實行喪禮若因此復先王之法不亦善乎玄曰以日易月已數百年一旦復古難行也祜曰不能使天下如禮且使主上遂服不猶愈乎玄曰主上不除而天下除之此爲但有父

子無復君臣也乃止

錄曰羊中軍之言其千載之一機乎時魏已革故晉方鼎新嵇阮之風不可聞於末季而况於新國乎使以是義聞於武帝將必聽從著爲定制列於禮官通於天下雖未能盡復先王之舊必不至於流俗之薄也惜玄慮不及此遂至王何錮俗江左承流非惟不能行三年之喪且以期功不廢絲竹此則諸臣不得辭其過矣

泰治四年太后王氏殂晉主居喪一遵古禮既葬有司請除衰服詔曰受終身之愛而無數年之報情所不忍也有司固請詔曰患在不能篤孝勿以毀傷爲憂前代禮典質文不同何必限

以近制使逹喪闋然乎羣臣請不已乃許之然猶素服三年

錄曰太后王肅之女也誦詩論語尤善喪禮故武帝云朕本諸生家傳禮來久則帝之所習聞遠矣與竇后景帝尚黃老而薄儒行者可同日語乎

北史太和十四年九月太后馮氏殂魏主勺飲不入口者五日哀毀過禮中部曹華陰楊椿諫曰聖人之禮毀不滅性縱陛下欲自賢於萬代其若宗廟何帝感其言進一粥及王公表請時定兆域詔曰奉侍梓宮猶希髣髴山陵遷厝所未忍聞十月王公固請乃葬永固陵

錄曰觀魏文之哀毀實由天性使然非有勉強矯飾於其際

也謂其欲自賢於萬代直借亡親以沽名夫豈對君之禮哉至諸侯五月而葬既葬居倚廬于中門之外魏文之言雖未達禮之通旨已暗合禮之遺意矣馮后九月方殂十月遽葬其亦廹於累表之故乎

太尉丕等進曰臣等歷奉累聖國家舊事頗所知聞願抑至情奉行舊典魏主曰祖宗精專武畧未修文教朕今仰禀聖訓庶習古道論時比事又與先世不同朕惟中代所以不遂三年之喪盖由君上違世繼主初立君德未流臣意不洽故身襲衮冕行即位之禮朕誠不德在位過紀足令億兆知有君矣於此而不遂哀慕之心使情禮俱失豈不深可慽邪朕所以眷戀衰絰

不從所請者實情不能忍豈徒苟免唾嫌而已

錄曰魏文於大禮所在平日講求有素歷代繼主嗣位無不熟悉始末故能明於大體達於人心非草率任意競情者比

雖古之英君何以過之

羣臣又言春秋烝嘗事難廢闕魏主曰先朝恒以有司行事朕蒙慈訓始親致敬今昊天降罰人神喪恃想宗廟之靈亦輟歆祀脫行薦饗恐乖冥旨且平時公卿每稱四海晏安禮樂日新可以參美唐虞今乃欲苦奪朕志使不踰於魏晉何邪祕書丞李彪又曰今雖治安然江南未賓漠北不臣臣等猶懷不虞之累魏主曰魯公帶絰從戎晉侯墨衰敗敵固聖賢所許如有不

虞雖越紼無嫌而況衰麻乎豈可以晏安之辰豫念軍旅之事以廢喪紀哉

錄曰國之大事惟祀與戎然三年之喪人子大閑不可追而悔也四時之祭每歲舉行猶可補而及也羣臣慮其不能持久復以不虞爲請帝明於緩急酌乎輕重始終弗移以視後世金革之例行於無事之時雖儒者不免非魏文之罪人與

又問尚書游明根高閭等曰聖人制卒哭之禮授服之變皆奪情以漸今旬日之間言及即吉能無傷乎對曰踰月而葬葬而即吉此金冊遺旨也主曰金冊之旨羣公之請所以然者慮廢政事故爾朕今不敢闇默不言以荒庶政惟欲衰麻廢吉禮朔

望盡哀若不許朕則當除衰拱默委政冢宰二事之中唯公卿所擇明根曰淵默不言則大政將曠傾順聖心請從衰服

錄曰魏之金冊即漢之遺詔以日易月之文也魏文幼承洪緒早著叡聖之風不由明師賢傅之傳而能慕人倫之高跡行曠古之遺行觀其辭嚴義正足破羣下逢迎之習豈欲要美天下後世哉惜乎馮后威非一朝之積殃有由來之漸有孫如此其忍負之而反鴆其父邪竊惟帝之英達明敏不能燭父之冤蓋魏方懲崔浩之禍專以隱覆爲得計既無董狐之書終鮮耳提之命至通鑑始考天象微露其辭綱目直書其事嗟無及矣豈非達禮者之至恨哉是以有國者當不恤

顧忌幽艱畢達蓋爲是也

太和十五年九月魏主祥祭于廟有司上言卜日詔曰筮日求吉旣乖敬事之志又違永慕之心今直用晦前一日夜宿于廟帥羣臣哭已易服縞冠革帶黑屨侍臣易服黑介幘白絹单衣革帶烏履遂哭盡一夜明日易祭服縞冠素紕白布深衣繩屨侍臣去幘易帢旣祭出廟立哭久之乃還十一月禫祭始服袞冕冬至祀圜丘遂祀明堂臨太華殿服通天冠絳紗袍以饗羣臣樂縣而不作帥百官奉神主遷于新廟

錄曰按太和十四年庚午九月太后殂明年辛未九月祥祭于廟十一月禫祭遂服袞冕然則凡十五月而除非古者中

月而禫二十七月之制則其禮猶在不今不古之間也今論者皆以魏文能行三年之喪亦讀史而未得其眞者矣

周史高祖建德三年三月周太后叱奴氏殂周主居倚廬朝夕進一溢米衛王直譖齊王憲言其飲酒食肉周主曰吾與齊王異生俱非正嫡特以吾故同袒括髮汝當愧之汝親太后子特承慈愛但當自勉無論他人及葬周主跣行至陵所詔曰三年之喪達於天子但軍國務重須重聽朝衰麻之節苫廬之禮率遵前典以申罔極百僚宜依遺令既葬而除公卿固請依權制不許卒申三年之制五服之內亦令依禮

錄曰胡氏曰周高祖衰麻苫塊卒三年之制最爲賢行然推

明通喪止五服之內不及羣臣非所以著於天下之義也愚謂不然夫世之紛紜聚訟者正以欲率天下之人共持三年喪也夫人心不同親疎各異子生三年然後免於父母之懷與天無二日民無二王其義固相懸也必欲溥天率土奔走悲號如喪考妣非上古堯舜未有如此者矧在母后之私親乎此周高祖不廢朝不責備求以自盡其哀君子未可輕議之也若乃遊幸與師之事自無取焉

按漢文師心自用以日易月致令天下後世君臣之禮薄父子之恩衰能毅然自盡而行之者獨所錄三君耳使當日諸臣能因君心之善輔而導之著之令甲通喪之禮豈

不至今存哉盖人性雖善中材居其大半先王制禮不但欲賢者俯就原引不及而進之之意爲多此禮自在天壤彰明較著何至蕩廢决壞乃諸臣徒知愛君不識大體不曰以萬乘之尊而履布衣之禮則曰淵默不言則大政將曠循習弊政務爲便安而事終大典一聽夫人子之自爲幾使爲天子父者無人爲之衰麻哭踊不得下同士庶雖景帝刻薄作俑而晉魏諸臣不得辭其責也惜哉

唐書貞觀四年突厥頡利可汗至長安太宗御順天樓盛陳文物引見館於太僕厚廩食之上皇聞而嘆曰高祖困白登不能報今我子能臣突厥吾付託得人復何憂哉乃召上與貴臣十

餘人及諸王妃主置酒凌煙閣酒酣上皇自彈琵琶上起舞公卿迭起爲壽逮夜而罷

錄曰上皇以能臣突厥爲付託得人何其無人心哉孔子曰以直報怨以德報德高祖嘗資兵力於突厥其始也蓋腹心之托指臂之援也一旦恃中原之強空漠南之地酒酣起舞自以爲永無外患而不知蕭墻之內其患反深也使上皇念其舊恩諭帝以興滅繼絶而還其故土反其旄倪則內外之冠履既分唐室之恩威並著天之祚唐當不如是也不知此義不旋踵而子孫遂有安史之禍報施若一轉瞬間耳然則上皇今日之喜能不爲子孫異日之憂乎

帝從上皇置酒故未央宫上皇命突厥頡利可汗起舞又命南蠻渠長馮智戴詠詩既而笑曰吳越一家自古未有也帝奉觴上壽曰今四裔入臣皆陛下教誨非臣智力所及昔漢高祖亦從太上皇置酒此宫妄自矜大臣所不取上皇大悦

錄曰太宗言漢祖妄自矜大獨不返觀自省乎夫突厥上皇嘗服事之其分懸絶者矣今而一家盖不但反臣其所事帝之矜大又何以加哉帝嘗以子路負米不及爲恨何至假吳越爲樂乎詩有之儐爾籩豆飲酒之飫必如是而後可盡天倫之樂否則皆矜大之事也

宋史仁宗天聖七年章獻太后將以冬至受朝天子率百官上

壽范仲淹爲秘閣校理上疏切諫曰奉親於內自有家人禮顧與百官同列北面而朝之不可爲後世法

宸妃李氏薨呂夷簡爲相奏請發哀成服有詔鑿宮城垣以出喪夷簡言宜自西華門出宸妃誕育聖躬而喪不成禮異日必有受其咎者後荆王元儼爲言帝實宸妃所生妃死以非命帝始知之因號慟祭告易梓宫親啓視之妃斂以水銀故玉色如生冠服如皇后帝歎曰人言其可信哉待劉氏益厚

籙曰先正有言自章獻臨朝十餘年間天下晏然夷簡之力爲多又曰仲淹論上壽之儀雖晏殊有所不曉其故何也盖保護之功人所難言而鞠育之恩昊天罔極故夷簡極言禮

宜從重所以默定其始也若方仲弓請立劉氏七廟謁太廟欲被衮冕漸不可長故仲淹極諫禮宜從殺所以預謹其終也使二公在英宗時必有任濮廟之議者而聚訟之事或可免矣以爲其力居多其論難曉者或在乎此

英宗治平二年詔議崇奉濮王典禮知諫院司馬光以帝必將追隆所生嘗因奏事言漢宣帝爲孝昭後終不追尊衞太子史皇孫光武上繼元帝亦不追尊鉅鹿南頓君此萬世法也既而韓琦等奏請下禮官議光奮筆曰爲人後者爲之子不得顧私親王宜準封贈期親尊屬故事稱皇伯高官大國極其尊榮衆以爲然學士王珪卽命吏具以光手藁爲案上奏曰先王制禮

尊無二上若恭愛之心分於彼則不得專於此秦漢以來帝王有自旁支入承大統或推尊其父母爲帝后者皆見非當時取議後世臣等不敢引爲聖朝法仁宗年齡未衰於宗室衆多之中簡推聖明授以大業陛下親爲先帝之子繼統承祧先有天下濮王雖於陛下有天性之親顧復之恩然所以負扆端冕子孫萬世相承皆先帝德也竊以濮王宜準先朝封贈期親尊屬以高官大國譙國襄國仙遊並封太夫人倣之古今爲宜稱詔問濮王當稱何親名與不名珪等議濮王於仁宗爲兄於帝宜稱皇伯而不名參知政事歐陽修引喪服大記謂爲人後者爲其父母服降三年爲期而不没父母之名若本生之親改稱皇

伯歷攷前世皆無典據進封大國則又禮無加爵之道請下尚書集議旣而太后手詔尊濮王禮爲濮安懿皇稱親夫人王氏韓氏縣君任氏並稱后

錄曰孟懿子問孝孔子告以無違於禮滕文公問喪孟子告以自盡其哀聖賢之言本之人心而易見原之天理而易明故聽者不見其忿戾而難從由者不覺其阻忤而難入也若宋之濮議所以聚訟當時貽譏後世者誠以諸賢著論太分矯枉過正不能如聖賢含弘光大渾厚而不露也自今觀之司馬光王珪之言正矣然喪服大記之云不爲無據不沒父母之名不爲無典而改稱皇伯之號無徵不信不信難遽從

也歐陽修韓琦之言得矣然萬代帝王之統誠不可忽本宗百世之傳誠不可貳而爲人後者不得顧私親灼然可信可信難遽改也甲是乙非彼可此否故其要在於自盡其心而已苟使英宗上思藝祖萬世不拔之基直接三代以來相傳之統非所守者一人一事今所主者萬國九州是知天子者莫大之尊雖欲拳拳顧其私親不可得也次思仁宗拔之衆庶之中置之億兆之上昔所從者溫凊定省今所事者郊廟社稷是知一身者萬幾之本雖欲切切懷其顧復亦不可得也今帝之本心未明所言室礙爾以爲光有天下先帝之德彼以爲倫序當立應得之分爾以爲高官大爵極其尊榮彼

以爲親以子貴宜從極典是故天性之親顧復之恩無俟人言而援立之策繼統之義感而懷之則有餘爭而論之則不足及其終也愈爭而愈窮愈改而愈失誠千古不决之議由不能師法大聖大賢以正人心故也而今豈可及哉

孝宗即位尊高宗爲太上皇帝后爲太上皇后同居德壽宮至日孝宗服袍履步出祥義門冒雨掖輦以行及宮門弗止太上皇麾謝再三仍令左右扶掖以還旣而顧侍臣謂曰今付託得人吾無憾矣

錄曰夫所謂付託得人者蓋上而宗廟社稷之重下而土地人民之大不但服勞奉養之文已也唐太宗曰雪耻酬百王

除凶報千古斯義也其當時付託之重乎孝宗果能鋭意恢
復倚諸將如長城料敵勢如指掌奮然以和爲非計信乎付
託得人矣惜其臥薪徒切嘗膽難終符離之敗奪於前思退
之姦沮於後雖有發强之情而無興復之效君子所以歎成
功之難得也

隆興元年春正月朔帝受朝于文德殿遂朝太上皇及太上皇
后于德壽宫自是歲以爲常乾道七年上皇壽七十上二聖尊
號曰光堯壽聖憲天體道太上皇帝壽聖明慈太上皇后淳熙
十二年上皇壽八十加上二聖尊號曰性仁誠德經武緯文太
上皇帝齊明廣慈太上皇后行大慶禮每歲從幸聚景園玉津

闓四聖觀不一而足極其崇奉

錄曰永新劉氏曰或謂孝宗以旁支入繼大統於其所後者貽巳以不貲之業而傳之無窮感當奚如焉感所以能孝也慮其所後者以我爲不親而勉以承之焉勉所以能孝也前者英宗之爲人後未盡其道君子病之今豈無懲焉懲所以能孝也非其心出於自然也然愚觀高孝二朝天倫之樂達於終始蓋自隆興乾道以至淳熙中間二十有五年不但尊尊親親父父子子一人承顏而已而且得萬國之歡心焉亦不但身爲太上子爲天子至尊無對而已而且獲八十之上壽焉自堯舜禹揖遜之後有若是之聚順者乎意者高宗之

禪授出於至公無我之心故天之報施極其壽考維祺之盛

孝宗之至性出於人情物理之上故禮之隆重非比常人窺

測之心以爲感而能孝勉而能孝懲而能孝者非迂卽忌嗚

呼此繼統不繼嗣之說所以紛然而起乎

太上皇崩帝號慟擗踊踰二日不進膳謂王淮等曰昔晉孝武

魏孝文實行三年喪何妨聽政淮對曰晉武雖有此意後來宮

中止用深衣練冠帝曰當時羣臣不能將順耳自我作古何害

淮曰御殿之時人主衰絰羣臣吉服可乎帝曰自有降等乃出

內批曰大行太上皇帝奄棄至養朕當衰服三年羣臣自遵易

月之令百官五上表請帝還內聽政不許二月辛丑禫祭百官

釋服羣臣三上表請御殿聽政不許十一月戊戌朔帝詣德壽宮自是朔望皆如之始以素服視事延和殿詣德壽宮則衰絰而杖如初十五年春正月朔帝詣德壽宮几筵行禮夏四月祔高宗主于太廟詔曰朕比下令欲衰絰三年羣臣屢請御殿易服故以布素視事內殿雖詔俟過祔廟勉從所請然稽諸典禮心實未安行之終制乃爲近古宜體至意宰臣留正曰三年之喪天下通喪漢文始變古道景帝不師典禮後世遵之喪紀遂廢晉武欲申私慕竟奪於裴秀傅玄之說元魏孝文能依古制猶未盡合亮陰過客之禮其餘無足議也以日易月之論發於應劭陋儒習之其後遂斷爲二十七日之制先王之禮既已大

壞壽皇慕親之孝根於天性事亡之敬發於至誠雖聖躬以不毁之年羣臣屢致易服之請而睿志先定斷然不移山陵已事退奉几筵衰絰三年以終喪制千載以來一人而已

錄曰此孝宗篤於大統之誼不以一毫私親間其心故史臣贊之以爲帝之所謂孝其無愧焉愚考紹興十三年秀王常喪矣命解官行服此未即位之先也乾道三年秀王夫人張氏又喪矣成服於後苑此已即位之後也然則未嘗更易其名以爲伯至理宗追尊其本生父希瓐爲榮王妻全氏爲國夫人以其子與芮襲封奉祀此又未嘗加以尊號而爲帝彼濮議者本朝尚不依以爲定況後世乎徒以羣英聚訟人各

自賢固不若道學大明人心反正之爲上也

按君父臣子古今恒言亦嘗因言而思其義乎杜元凱云臣繼君猶子繼父爲之臣者其分即與子同爲之子者其分即與臣同太甲服仲壬之喪書稱嗣王宋穆公繼兄稱曰先君魯夏父弗忌譏躋僖於閔曰先明後祖皆非父子而承襲其稱即同父子特未嘗顯然定名爲父子者欲不没本生之實也古人一稱謂間人情天理毫髮無有遺憾準此而論則凡自外入承大統者三昭三穆爲祖爲禰一依繼述次序奉神則稱某祖或某宗某皇帝初喪則稱先皇帝而自稱嗣皇帝某至於本生則追崇而别立繼别之

宗子以主其祀則廟可不祧而父母之名不没斯爲情義兩全有明肅王繼統竟尊父曰興獻皇帝廟號睿宗母曰章聖皇太后列之九廟加於武宗之上而改稱孝宗爲皇伯武宗爲皇兄淆歷數之傳乖君臣之義貽列祖之恫邪臣張璁桂萼實爲禍首一時撼門而哭者三百七十餘人俱遭削奪會十月朔日食我祖復抗疏直斥璁萼爲皇父小人畧言昔之政在禮今之禮在政何謂昔之政在禮蓋昔父子之倫未正徽號之稱未立陛下因心之孝雖曰皇皇視親爲重天下爲輕誠如孔子所論名不正則言不順事不成也何謂今之禮在政蓋禮可成也亦可毁也禮可

守也亦可變也陛下必欲此禮傳之萬世世守而弗失可不察於人心合之天理乎今璁萼等甫令回籍行至天津旋復召用天下以爲陛下私此諸臣也私此諸臣是私其所議之禮也私其所議之禮則不得謂之開誠心布公道集衆思廣忠益也伏望罷斥璁等俾議禮諸臣幡然省悟下以定人心上以順天道俾億萬年之後廟號世宗聖子神孫百世不祧所繫尤大臣敢自比茅焦諫於死者二十七人之後竟遭杖戍終明之世惜無有起而正之者夫漢宣本嫡曾孫承統以旣爲孝昭後而止謚其父曰悼考母曰悼后祖考妣曰戾太子戾夫人光武非受天下於平帝

亦止立四親廟于雒陽父稱南頓君並無追崇之典即宋

濮王紛紜聚訟然亦另立園廟而不與三昭三穆之列從

未有若典獻悖禮之甚者也周禮諸侯不服期功謂其皆

得臣屬典獻爲武宗藩臣曾未居大位而可講叔姪之分

儼然據其上乎若宋秀王榮王處之庶爲近禮晉簡文帝

以會稽王入立後孝武追尊簡文生母鄭妃應配食元帝

太子前率徐邈言太妃未嘗伉儷先帝子孫豈可爲祖考

立配助教臧燾定議尊爲簡文宣太后而别立廟言尊號

即正則罔極之情申别立寢廟則嚴禰之義顯繫子爲稱

兼明貴之所由一舉而合三善此眞可爲百世法矣

弘道錄卷之十二終